한국어 교육 2

한국어 수업
어떻게 하는가?

백 봉 자 지음

도서
출판

한국어 교육 **2**

한국어 수업
어떻게 하는가?

초판 발행 2013년 6월 28일 1쇄
2024년 2월 8일 3쇄

지은이 백봉자
펴낸이 박영호
기획팀 송인성, 김선명, 김선호
편집팀 박우진, 김영주, 김정아, 최미라, 전혜련, 박미나
관리팀 임선희, 정철호, 김성언, 권주련
디자인 조정자
펴낸곳 (주)도서출판 하우
주소 서울시 중랑구 망우로68길 48
전화 (02)922-7090
팩스 (02)922-7092
홈페이지 http://www.hawoo.co.kr
e-mail hawoo@hawoo.co.kr
등록번호 제2016-000017호

값 17,000원
ISBN 978-89-7699-919-1 03710

한국어 수업
어떻게 하는가?

백 봉 자 지음

　이 책은 그동안 내가 외국인 학습자를 가르치면서 얻은 현장 경험과 대학, 대학원, 그리고 교사 연수 과정에서 강의한 내용을 종합하여 정리한 것이다. 사실 대학이나 대학원 또는 단기 교육 과정을 수강하는 교사 지망생들이 강의 내용만으로 한국어 교육 전체를 조망하기는 어렵다. 더구나 언어 교육에 대한 기초가 없는 사람이면 더욱 그러한데 이는 강의 내용이 과목 중심으로 되어 있기 때문이다. 구슬이 서 말이라도 꿰어야 보배라고 하지 않았던가? 이러한 불편을 해소하기 위해서 단편적인 이론들을 하나로 묶어 실제에 적용하고 전체적인 흐름을 볼 수 있는 책이 필요하다는 생각을 하게 되었다. 그래서 수업을 하는 데 꼭 필요로 하는 것을 내용으로 하면서 수업의 전 과정을 동영상으로 보여 주듯이 하고 싶었다. 지면에서 그 꿈을 제대로 실현할 수 없었지만 수업의 상황을 머릿속에 그려 가면서 읽을 수는 있게 되었다.

　이 책은 말하기 · 쓰기 · 읽기 · 듣기 네 가지 영역의 수업을 어떻게 해야 하는지 그 과정을 보여 주고 있다. 말하기 과정은 현장 교사들이 어려워하는 어휘의 설명과 문법 설명에 치중하여 세분화하였다. 특히 문법은 문법 요소, 문형, 담화, 관용구와 속담으로 나누어서 교수법 이론에 맞추어 설명하였다. 설명 방법은 수업 현장에서 하듯 일일이 교사의 말을 넣는 식을 택하였다. 그 밖에 쓰기 · 읽기 · 듣기 영역도 이론을 바탕으로 하여 수업을 어떻게 진행하고 운용해야 하는지 설명하면서 예를 들어 그 설명을 뒷받침하려고 노력하였다.

　가르치기 쉬울 것 같으면서도 어려운 것이 한글 자모 교육이다. 처음 시작은 어떻게 하는지, 어떤 순서로 가르치는 것이 효과적인지를 보였다. 수업을 잘하기 위해서는 준비가 필요하다. 수업 준비에서 빼놓을 수 없는 것이 교안 짜기다. 교안 짜기의 길잡이가 될 예를 실었다. 무슨 교육이든지 성공하려면 이론 외에 필요한 그 무엇이 있다. 첫 장과 마지막 장에서는 한국어 교육을 성공적으로 이끄는 비결을 말하였다. 교사가 갖춰야 할 조건과 함께 수업을 성공적으로 이끌 수 있는 비밀스러운 방법 그리고 최상의 교수법에 대해서 말하였다.

　이 책은 대학, 대학원 그리고 교사 연수 과정에서 예비 교사로 공부하는 사람을 위한 교재로 사용할 수 있을 것이다. 또 현재 한국어를 가르치고 있지만 한국어 교육의 전체적인 흐름을 확인해 보고 싶은 사람이 사용한다면 자신감을 얻게 될 것이다.

현대는 속도전 시대라고 한다. 그래서 어떻게 하든지 빨리 결말을 보아야 승산이 있다고 생각한다. 언제부터인가 우리는 패스트푸드의 대표 주자인 라면을 끓여 먹는 시간도 아까워서 즉석에서 물을 부어 먹어 버리게 되었다. 그러나 우리가 이렇게 속전속결을 좋아해도 기다리지 않으면 좋은 결과를 낼 수 없는 것이 있으니 그것이 바로 한국어 교육이다. 한국어를 가르치면서 깨달은 것은 제아무리 머리가 좋아도 일정 시간을 투자하지 않으면 배우지 못한다는 사실이다. 디지털 시대도 마지막 단계에 와 있지만 언어를 습득하는 인간의 두뇌와 역량은 아날로그 시대의 것 그대로여서 서둘러도 소용이 없다. 언어를 가르치고 배우는 사람은 언제나 지름길을 찾느라고 부심하지만 바른 길을 따라 꼼꼼히 한 걸음씩 전진하는 것만이 목표 지점에 도달할 수 있는 가장 짧은 길이고 바람직한 길이라는 점을 잊지 말아야 한다. 이 책은 이러한 입장에서 썼다.

이 책을 내면서 한국어 교육 초창기에 수업을 하던 생각이 난다. 그때 한국어가 어려워서 불평하던 외국 학생들의 얼굴이 떠오른다. 그리고 한편으로는 한국어를 제대로 잘 가르치기 위해서 문제를 놓고 고민하던 동료 교수와 후배 교수들 생각이 난다.

끝으로 한국어 교육에 남다른 애정을 가지신 하우의 박영호 사장님과 박민우 기획팀장님께서는 여러 가지 어려움에도 불구하고 기꺼이 출판을 맡아 주셨다. 진심으로 감사한다. 골치 아픈 원고를 다듬고 현대적인 감각으로 화려하게 치장해 준 하우의 편집부 여러분에게 감사한다. 이분들의 노고가 없었으면 정말 이 책은 햇빛을 보지 못했을 것이다. 특별히 탁월한 능력의 소유자 박영숙 편집장님에게 감사한다. 아울러 (주)도서출판 하우의 무궁한 발전을 기원한다.

2013년 5월 스승의 날에

백 봉 자

차례

I. 한국어 수업의 성공 비결

자유 토론

- 한국어 교육에 대한 전문적인 지식 이외에 교사가 알고 익혀야 할 것은 무엇인가?
- 한국어 교육에서 교수 기법이란 무엇인가?
- 교수자는 어떤 능력을 갖추고 있어야 할까?

어떻게 하면 잘 가르칠 수 있을까? 어떻게 하면 교사와 학생이 모두 만족스러운 수업을 할 수 있을까? 이것은 한국어를 가르치는 사람 모두의 고민이다.

한국어 교수 현장에서 보면 교수 내용의 중요성 못지않게 수업의 성패를 결정하는 것이 있다는 생각을 하게 된다. 전문 지식을 갖추고 있고 준비를 잘하는 사람인데도 수업에서 학생들에게 환영받지 못하는 교사가 있다는 사실은 수업 운영에 그 어떤 '비법'이 있음을 말해 주는 것이라고 생각한다. 비법이란 다름 아닌 한국어 수업을 실제로 어떻게 해야 하는가 하는 '자기만의 비밀스러운 방법'이다. 그러나 자기만의 방법은 그냥 얻어지는 것이 아니다. 한국어 교육에서 공론화되어 있고 모두가 인정하는 이론과 방법을 기초로 하면서 자기 나름의 효과적인 비법을 구축했을 때 나오는 것이다.

수업을 효과적으로 이끌려면 우선 교육의 내용과 방법을 제대로 선택하는 것이 중요하다. 그리고 나서 교재를 제대로 활용하고 교수법 이론을 적용하면서 학생 정서에 맞는 기법을 쓴다면 그 수업은 성공할 수 있다. 언어 수업은 단순한 지식의 전달에서 그치는 것이 아니기 때문에 그 과정은 복잡하고 예민하며 교사의 세심한 배려가 필요하다. 교사가 가르친 것을 학생들이 이해하고, 이해한 것을 통해 생산하는 과정에는 학습자의 감성까지도 잡아 줄 수 있는 특별한 기술이 있어야 한다. 이 기술은 지식을 전달하는 도구이며 이것이 바로 교수 기법(skills, techniques)이다.

1) 교육 내용의 선정

교재 선택은 절반의 성공을 의미한다. 그렇다면 좋은 교재를 선택하는 기준은 무엇인가? 시중에는 한국어 교재가 이미 많이 나와 있고 학습자의 요구와 전공에 맞추어 다양한 주제를 다루고 있다. 이들 중에서 교사 자신과 맞고 자기 학습자에게 맞는 교재, 학습자의 수준과 요구에 부합하는 주제로 구성된 교재를 선택한다.

교재를 선정할 수 있는 능력을 기르려면 한국어 문법, 교수법, 한국 문화에 대한 지식이 있어야 하고, 무엇보다도 비판적인 시각을 가지고 많은 교재를 접해 보는 훈련이 필요하다. 주 교재를 선택할 때는 다음을 고려한다.

(1) 교재 외적인 문제

- 자기 학습자의 문화, 언어권, 취향, 전공, 직업을 고려하고 학습자 중심으로 되어 있는지 살핀다.

- 학습자의 언어 수준과 맞는지 살핀다.
- 교사는 자신의 교육 경험을 고려한다. 교사 자신에게 익숙한 교수법으로 집필된 교재라면 다루기가 수월할 것이다.
- 교사가 모국어 화자인지 아닌지를 고려한다.
- 교사가 한국어 교육 전공자인지를 확인한다.
- 교사가 언어 교수법에 대한 지식은 얼마나 있는지 고려한다.

(2) 교재 내적인 문제
- 교재의 구성을 살핀다. 주제, 과제, 어휘, 문법, 발음, 문화가 단계별로 짜임새 있게 구성되어 있어야 한다.
- 교재 구성에 효과적인 한국어의 최근 교수법이 활용되었는지 살핀다.
- 언어 훈련을 위한 연습이 양적으로나 질적으로 충분하게 실려 있나 살핀다. 지나치게 준비를 많이 해야 하는 교재는 피한다.
- 과제는 주제의 목표가 될 뿐만 아니라 실제로 활용할 수 있는 것이어야 한다.

2) 수업 전개에서 교수 기법

대체로 교육 기관에서는 규칙적으로 교사 연수를 한다. 그런데 교사 연수를 마친 교사들이 같은 교재를 가지고 같은 교수법으로 수업을 한다고 해서 모두가 같은 방식의 수업을 하는 것은 아니다. 교사마다 다른 수업 양상을 보일 뿐만 아니라, 심지어는 다른 결과까지 낸다. 실제로 수업을 듣고 나오는 학습자의 반응을 보면 알 수 있다. 학습자들은 선생님들이 각각 다른 분위기에서 다른 방법으로 가르친다고 한다. 그 까닭은 무엇일까? 그것이 바로 교사가 사용하는 교수 기법의 차이다.

(1) 첫 대면

교사는 학기가 시작되기 전날 잠을 설치기 일쑤다. 새 학생을 만난다는 설렘과 불안감이 작용하기 때문이다. 어떻게 시작하는 것이 어색함을 덜고 자연스러울지 고민한다.

처음 수업을 시작하는 교사는 말씨와 표정에서 전문인다운 신뢰감을 보여야 한다. 학습자에게 부담을 주지 않는 상냥함과 학습자의 어떤 실수도 받아 준다는 아량이 보이는 태도는 모든 면에서 서툴고 어색한 외국인 학습자에게 심리적인 안정감을 준다.

(2) 교사의 말

교사는 수업 중에 지시하고 설명하고 이야기하는 일이 참으로 많다. 그래서 교사가 한국어를 어떻게 구사하는지, 즉 한국어에 대한 지식이 아니라 교사의 한국어 표현 능력으로 대변되는 교사의 말은 참으로 중요하다. 말을 많이 할 생각을 하지 말고 꼭 해야 할 말을 쉽고 간단하게 하기를 권한다. 그리고 그 말은 온전한 문장으로 해야 한다. 몇 개의 단어를 나열한 토막말은 한국말이 아니다. 혹시 학생이 알아듣지 못할까 봐 불안하면 단어나 문장을 두세 번 반복한다. 이것이 오히려 학생에게 도움이 된다.

(3) 교사의 발음

교사는 표준 발음으로 자연스러운 어조와 속도로 말해야 한다. 학생을 위한다는 명목으로 어색하게 입을 벌리거나 느린 속도로 말하는 것은 학생을 혼란스럽게 할 뿐이다. 왜냐하면 교실 밖에서 모국어 화자는 그렇게 말하지 않는다는 것을 학생들은 이미 알고 있기 때문이다. 고음의 교사 음성이 교실 밖까지 쩌렁쩌렁 울리는 것은 바람직하지 않다. 학생과 정말 대화를 하는 것 같은 자세로 임한다면 이런 문제는 해결할 수 있을 것이다.

수업할 때 자기의 음성은 어떤지, 발음은 어떻게 하는지 녹음해 살펴보는 것은 어떨까?

(4) 비언어적 기법

교사는 일인 연기자 같을 때가 있다. 특히 말이 안 통하는 초급반에서 교사는 손짓, 몸짓, 표정을 동원해서 신호를 주고 학습자와 교감하면서 가르친다. 자기만의 기법을 개발해 사용하는 것이다. 한국어 교육이 말을 알아듣지 못하는 사람들을 대상으로 하는 것이기 때문에 이러한 비언어적 기법이 교실 현장에서는 얼마나 효과적으로 쓰이는지 모른다. 연습 훈련을 하는 중간에 지시어 같은 군더더기 말을 하지 않아도 되고, 발음하기 서툰 학생의 이름을 일일이 부르지 않아도 되고, 학생 이름을 잘못 발음했을 때의 미안함을 느끼지 않아도 된다.

이때 교사는 자기 신호 체계에 대한 일종의 약속이 필요하다. 자기만의 방법을 정리해서 늘 같은 방법을 씀으로써 학생이 알아들을 수 있도록 한다. 이해하기 쉬운 몇 가지 방법만 사용하여 복잡하지 않게 한다. 비언어적 기법은 표정, 눈짓, 몸짓 등 여러 가지가 있지만 그중 가장 유용한 것은 손짓이다. 학생을 지적하고 지시할 때 쓸 수 있는 좋은 방법이다.

02 교수자의 조건

교실 운영 기술을 적절하게 사용하려면 교사는 교수자로서의 능력, 수업 주관자로서의 능력, 돕는 이로서의 능력을 갖추고 있어야 한다. 이것들이 교실 수업에서 구체적으로 어떤 기법으로 나타나야 하는지 알아보자.

1) 교수자로서의 능력

교사가 갖추어야 할 가장 기본적인 능력은 지식을 전달하는 사람으로서 효과적인 교수 활동을 하는 것이다. 교사는 가르칠 내용을 잘 알고 있어야 한다. 응용언어학에 속하는 한국어 교육은 한국에 관한 여러 영역의 지식, 즉 한국어와 언어학 그리고 한국학에 대한 지식을 가지고 있어야 한다. 이것을 통합해서 외국인 학습자가 한국어라고 하는 언어를 말하고, 듣고, 읽고, 쓸 수 있도록 가르치는 것이다.

한국어 교육에서 문법은 문장을 생성해 내는 틀이다. 생각을 표현하고, 담화의 내용을 해독하는 일종의 암호 해석 장치이다. 그러므로 한국어 교육문법이 언어의 내적 질서를 찾아내려는 전통문법 이론이나 국민의 언어 훈련에 목적을 둔 학교문법과는 사뭇 다르다는 것을 인식해야 한다. 한국어 교육에서 교사는 외국인 학습자가 문법을 배울 때 어떤 점에서 어려움을 느끼는지, 어떤 오류를 만드는지에 관심을 두어야 한다.

한글은 초급을 시작하자마자 가르치기 때문에 학습자에게 훈민정음에 대한 깊이 있는 이야기를 하기 어렵다. 하지만 교사는 한글이 가지는 가치를 알고 있어야 한다. 제자를 한 사람의 이름이 있고 그 제자의 과정이 기록으로 남아 있는 것은 세계에 유례가 없는 일이다. 문자 구성에 담긴 철학, 음운론상의 체계성과 과학성, 형태의 우수성을 구체적으로 알고 있어야 한다.

발음 교육을 위해서는 음운론에 대한 지식이 필요하다. 한글 자모의 정확한 음가와 특성 그리고 음운 규칙을 이론으로 알아야 한다. 그리고 실제로 소리로서 구분할 수 있어야 한다. 특히 대조언어학 차원에서 언어권별 학습자의 발음 오류 유형을 이해하고 원인을 알고 있어야 한다.

한국어 교육을 하려면 언어학 전반에 대한 지식이 있어야 한다. 언어란 무엇이고 언어의 기능은 무엇인지와 같은 기본 문제에서부터 한국어 교육학과 관련이 있는 사회언어학과 응용언어학에 대한 개념을 알고 있어야 한다.

문화는 개별적으로 언어 교육에서 중요한 내용이 된다. 뿐만 아니라 언어가 실행될 때 문화가 수반되어야 효과가 있으므로 언어 교육에서 문화 교육은 꼭 필요하다. 따라서 교사는 넓은 의미의 문화라고 할 수 있는 한국학 전반에 대해서 알아야 한다. 현대 한국 문화를 이해하고 시대적 흐름을 감지하고 있어야 한다. 그리고 전통 문화와 예술 문화에 대한 전문적인 지식을 가지고 있어야 한다.

교사가 한국어 교육의 내용이 될 만한 지식을 알고 있는 것만으로는 아무 의미가 없다. 그 지식을 전달할 수 있는 교수법에 대해서 얼마나 알고 있으며 얼마나 실현할 수 있는가가 중요하다. 알고 있는 교수법을 적절하게 활용할 수 있는 교사의 능력이 있어야 한다.

2) 수업 주관자로서의 능력

수업 주관자로서의 능력은 곧 수업을 진행하는 능력이다. 수업을 이끌어 가면서 수업 과정에서 제기되는 여러 가지 문제를 해결할 수 있는 능력을 의미한다.

그러면 구성원 모두가 함께 갈 수 있도록 유연하게 대처할 수 있는 주관자로서의 능력은 어디에서 나올까? 물론 교수 내용과 교수법 이론을 알아야 하겠지만, 거기서 한걸음 더 나아가 알고 있는 지식을 학습자에 맞춰 적당한 교수법으로 전달하는 데에서 나온다. 이 교수법은 항상 고정되어 있는 것이 아니라 학습자와 교육 내용과 교육 환경에 따라 적절하게 통합해서 사용할 수 있어야 한다. 이렇게 할 줄 알 때 수업 주관자로서의 조건을 갖추는 것이고, 그런 조건을 갖춘 교사가 학습자의 능력을 계발해서 이끌 수 있는 것이다.

교실에는 선생님에게 복종하고 따르는 학생만 있는 것은 아니다. 교사의 입장에서 보면 교실에는 늘 문제 학생이 있기 마련이다. 문제는 학생 개인에 관한 것일 수도 있고 전체에 관한 것일 수도 있다. 교사는 수업 전체를 책임진 사람으로서 이 모두를 해결하며 이끌어 갈 수 있는 능력이 있어야 한다.

다양한 학습자로 구성된 교실에서는 수업 외적인 문제가 발생할 수 있다. 이때 문제를 슬기롭게 해결할 수 있는 능력이 있어야 한다. 교사는 수업을 하기에 가장 좋은 교실 환경과 분위기가 되도록 노력해야 한다. 교사의 힘으로 어쩔 수 없는 경우가 있겠지만 주어진 상태에서 즐겁고 편안한 수업이 되도록 이끄는 능력이 필요하다.

3) 돕는 이로서의 능력

한국어 교사는 가르치는 사람이 아니라 도와주는 사람이다. 누구를 도와주려면 먼저 상대가 필요로 하는 것이 무엇인지 알아야 한다. 학습자의 요구를 알고 학습자의 부족한 부분을 보충해 주고 잘못된 오류를 수정해 주는 역할을 해야 한다.

돕는 이로서의 능력에서 아주 중요하게 생각할 것 하나는 어떻게 하면 학습자가 가진 능력을 최대한으로 이끌어 낼 수 있을까 하는 것이다. 인간의 능력은 무한하다. 우리의 학습자가 가진 잠재력을 깨워서 그 능력을 발휘할 수 있도록 하는 것은 담당 교사의 능력에 달렸다.

듣기나 읽기 이해를 위해서는 학습자가 이미 경험한 지식을 활용하고 스키마를 활성화시키는 것이나 스키마가 없는 학습자에게 그에게 맞는 스키마가 생성되도록 하는 것이 능력있는 교사의 역할이다.

교사는 학습자가 의도하는 것을 미리 감지하고 학습자의 의도대로 말하고 표현할 수 있도록 도와주어야 한다.

03 수업 운영과 교수 기법

흔히 경험 있고 능력 있는 교사의 수업은 쉽고 듣기 편하다고 한다. 이것은 학습자에게 맞는 여러 가지 기법을 사용하기 때문이다. 영역별 진행 과정에서 나올 수 있는 기법에 관해서는 각 장에서 자세히 이야기하기로 하고, 여기서는 전반적인 교수 기법에 대해서 생각해 보고자 한다.

1) 학습자의 이해·표현 감지 능력

교사에게는 학습자의 반응을 제대로 이해하고 평가할 수 있는 학습자 이해·표현 감지 능력이 필요하다. 이해 감지 능력이란 교사의 어떤 질문이 학습자의 인지 정도를 파악할 수 있게 하는 것인지 알 뿐 아니라 학습자의 눈빛만 보아도 이해 정도를 파악할 수 있는 능력을 의미한다. 표현 감지 능력은 학습자가 무엇을 말하고자 하는지, 설혹 그 표현이 서툴러도 알 수 있는 능력이다. 학습자의 이해·표현 감지 능력은 교수 행위를 학습자 중심으로 하는 데서 배양된다. 학습자의 언어와 문화, 학습자 개인의 성향과 욕구에 관심을 기울이면서 연구하고 분석하면 학습자를 대하는 기법과 감지 능력이 자연히 향상되는 것이다.

2) 학습자 상호작용의 조직과 시행 능력

한국어 수업에서는 구성원 간의 상호작용이 원만하게 이루어질 수 있도록 조직하고 시행하는 능력이 필요하다. 짝 활동과 그룹 활동은 교사가 배제된 상황에서 학습자 간의 상호작용을 통하여 진행된다. 이 경우에 표면적으로는 학습자 자율로 이루어지는 것처럼 보이지만, 교사의 계획 아래 진행되도록 해야 목표를 달성할 수 있다. 보이지 않는 교수자의 역할이 필요하다는 의미다. 우수한 사람과 그렇지 못한 사람, 적극적인 사람과 그렇지 못한 사람의 짝 배합은 늘 문제가 된다. 이때 뒤에서 지휘와 조언을 기술적으로 하는 사람이 능력 있는 교사다.

3) 학습자 오류 인지와 치유 능력

학습자는 늘 오류를 범한다. 그러므로 교사가 오류를 인지하고 그것을 고치도록 지도하는 것은 교육의 필수 과정이다. 그러나 말하는 것을 듣고 고쳐 주는 일이나 오류투성이 쓰기 숙제를 봐 주는 일은 쉽지 않다. 우선 교사는 학습자의 오류를 알아차리고 그 원인을 진단해서 제대로 바로잡을 수 있는 능력이 필요하다.

오류 수정은 어렵다. 그 이유는 학습자가 범하는 오류의 원인이 명백한 것도 있지만 상태가 모호해서 알기 어렵다는 것 때문이다. 오류의 원인이 어디에 있는지 발견했다 해도 문법이나 발음 같은 경우는 관련 지식과 교수법을 동원해야 하기 때문에 귀찮다는 생각을 하게 된다. 최선을 다해서 지도해도 학습자에게서는 차가운 반응이 돌아올 뿐이다. 이러한 점들이 교사로 하여금 오류를 묵인하고 넘어가게 만든다. 그러나 정말 좋은 교사는 오류를 발견하고 교정해 주려는 노력을 하는 사람이다.

오류를 발견하면 교사는 한국어학과 한국학 등 자신이 가진 지식으로 그 내용을 바로잡아 주어야 한다. 이론을 동원하여 전문가적인 입장에서 조언한다. 표현을 잘못해서 학습자의 심기를 건드린다면, 그것은 단지 오류 수정의 문제가 아니라 학습자와의 관계를 위험하게 할 수 있다는 점에 유의한다.

또 교정을 언제 하느냐도 중요하다. 문형 연습 시간이라면 오류가 나타날 때 곧바로 지적한다. 하지만 랩(lab)에서처럼 학습자가 집중해서 연습할 때 일어나는 오류는 나중에 쪽지로 전달하고 개별 지도를 한다. 자유회화 시간 같은 때 학습자가 이야기를 신 나게 끌고 가는 경우에는 그 기를 꺾지 않으면서 교정해 줄 수 있는 적당한 때를 찾는다.

4) 의사소통 능력

언어 교사가 학습자에게 편안한 말 상대가 될 때 학습 효과가 가장 잘 나타난다. 어떻게 하면 말이 통하는 교사가 될 수 있을까? 물론 교사도 말을 잘하는 사람, 못하는 사람, 말하기를 좋아하는 사람, 싫어하는 사람 등 개인차가 있을 수밖에 없다. 그러나 자신의 의사소통 능력 계발에 관심을 가진다면 한결 쉽게 학습자에게 다가갈 수 있을 것이다.

(1) 표현 능력
대중 앞에서 말하고자 하는 것을 정확하게 표현할 수 있는 능력이야말로 교사가 갖추어야 할 기본 능력이다. 적당히 당당하고, 그러면서도 전달해야 할 지식을 쉬운 한국어로 정확하고 간결하게 표현할 수 있는 능력이 필요하다. 평소에 훈련을 함으로써 그 기법을 기른다.

(2) 상호작용 능력

언어 학습은 대화로써 이루어진다. 교사와 학습자의 언어 사용이나 비언어적 상호작용에 의해서 이루어지는 것이다. 그래서 교사는 대화를 원만하게 이끌어갈 수 있는 능력이 있어야 한다. 친구 같은 사람, 언니나 형 같은 사람이라서 무엇이나 터놓고 이야기할 수 있는 사람, 아니면 믿고 따를 수 있는 선생님 같은 사람이라야 학습자와의 상호작용이 원만하게 이루어진다.

(3) 의사소통의 장 설정

친구와 즐거운 대화를 나누기 위해서 우리는 분위기 있는 장소를 찾는다. 그만큼 사람의 생각과 표현은 환경에 영향을 받는다는 뜻이다. 한국어 교실은 학습자가 가진 능력을 발휘하고 원만한 의사소통을 할 수 있도록 분위기를 편안하게 조성한다. 수업이 교사와 학습자, 학습자와 학습자의 대화로 이루어진다는 것을 잊지 말자. 교사를 중심으로 하되 의자를 둥글게 배치한다. 학습자를 줄을 맞춰 앉혀서 다른 사람의 뒤통수를 보게 하는 것이 가장 나쁜 배치다. 또 교사가 교단에 올라서면 군림하는 것처럼 보이는데 이것은 대화에 임하는 자세가 아니니 주의한다. 학습자와의 거리가 지나치게 가깝거나 먼 것은 수업에 지장을 준다. 멀면 거리감이 생기고 너무 가까우면 자기도 모르는 사이에 학습자에게 부담을 준다.

수업은 서서 하기를 권한다. 앉아서 하면 교사의 기분이 침체되고, 또 이것을 바라보는 학습자들에게 전염되어 분위기가 정체된다. 수업을 역동적으로 활발하게 이끌려면 손과 발을 적당하게 사용하고 표정을 부드럽게 하면서 수업을 해야 한다. 바른 자세를 하고 서서 가르칠 때 발성 기관에서 발음이 제대로 나온다.

II 말하기 교육과 교수 과정

자유 토론

- 말하기 교육의 목표는 무엇인가?
- 말하기 교육은 어떤 단계로 접근해야 하나?
- 각 단계가 가지는 의미는 무엇인가?
- 각 단계에서 유의해야 할 내용에는 어떤 것이 있는가?

01 말하기 교육의 목표

외국어 교육에서 말하기는 학습자가 언어를 통해 자신의 생각과 감정을 표현하여 상대방에게 전달하고, 자아를 개발하며, 이로써 생에 도움을 주는 것을 목표로 하고 있다.[1]

한국어 말하기 교육에서도 학습자가 한국어를 통해 자신의 생각을 표현하는 것이 목표다. 한국인과의 교류에서 발생하는 여러 변인을 조절하면서 의사소통을 하여 한국인을 이해하고 인간관계를 설정하는 것이 말하기 교육의 목표라고 할 수 있다.

한편 외국인 학습자는 말하기를 통해서 한국 사회 문화에 참여하여 새로운 세계를 경험한다. 그럼으로써 개인적으로 지적인 성장을 도모하는 것이다. 또 말하기 활동을 통해서 많은 정보를 확보하고 이를 쓰기와 같은 다른 언어 영역에서 활용한다. 경우에 따라서는 과학적 특성을 가진 한국어에 대한 지식도 습득한다.

02 수업에서 말하기 교수 과정의 실현

외국인 학습자에게 말하기 교육은 모국어 학습자와는 전혀 다른 각도에서 접근해야 한다. 언어적으로 보면 음운과 형태, 통사의 모든 것을 교육해야 한다. 즉 학습자가 발음, 단어, 문장, 이야기를 모두 익혀야 모국어 화자가 의미하는 의사소통 단계의 말하기가 되는 것이다. 따라서 외국인 학습자가 한국어로 말하기 수행을 제대로 하기 위해서는 단계별 계획이 필요하다.

1단계 : 통제된 상황에서 발음, 어휘, 문법의 틀을 익힌다. 반복과 모방이 주된 연습 방법이다.
2단계 : 1단계에서 습득한 언어에 문화를 더하여 통제된 교육 상황에서 활용한다.
3단계 : 2단계에서 습득한 언어적, 문화적 지식을 실제 상황에서 적용하고 언어 사용 능력을 향상시킨다.

이상의 과정을 표로 보면 다음과 같다.

---

1) 조수진(2010), 『한국어 말하기 교육의 이론과 실제』, 소통.

말하기 교수 과정표

과정	단계	내용
도입	① 준비 단계	• 선수 학습 상기(복습) • 학습 동기 유발 • 시청각 자료를 통한 준비 학습
전개	② 내용 제시 단계	• 학습 목표 제시 • 내용 읽기, 익히기, 발음 연습
	③ 어휘의 설명과 연습 단계	• 단어의 의미 설명 • 단어의 연습
	④ 문법의 설명 단계	• 도입 – 선행 학습한 것을 목표 문법과 연계하여 점검
		• 제시 – 구두 제시와 판서
		• 설명 – 교사의 설명과 학습자의 유추
		• 확인 – 학습자의 이해 정도를 확인
	⑤ 문형 연습 단계	• 문형 중심, 문장 중심 연습 • 의사소통 능력 배양을 위한 반복 연습 • 담화 체계 중심, 표현 중심의 유의미적 연습
		• 분석적인 연습 체계
	⑥ 활용 연습 단계	• 교육을 위해 계획된 활동 • 현장과 유사한 교실 활동 • 한국인과 한국 문화를 접했을 때 충격 최소화 목적의 활동 • 학습자 간의 상호작용과 능동적 참여 유도 • 기능적 양상인 담화와 사회 문화적 양상으로 구성된 내용 • 정보 결함 활동, 조각 맞추기, 문제 해결하기, 역할극, 게임, 토론, 좌담, 발표회
		• 화자의 경험적 양상이 작용 • 종합적인 연습 체계 • 오류로 인해 분석적 단계로 회귀
	⑦ 의사소통 연습 단계	• 실제 과제 수행 • 한국 사회 현장에서 과제 수행 능력 배양
		• 언어 실현 단계 • 학습자가 연습으로 습득한 여러 양상들의 통합체를 실현 • 화자의 경험적 양상이 크게 작용 • 오류 혹은 여러 이유로 분석적인 단계로 회귀
정리	⑧ 평가 단계	• 성취도 평가 • 학습자 수준에 따라 심화 학습을 위한 자료 소개

01 도입 단계

말하기 교수 과정표

과정	단계	내용
도입	① 준비 단계	• 선수 학습 상기(복습) • 학습 동기 유발 • 시청각 자료를 통한 준비 학습
	② 내용 제시 단계	• 학습 목표 제시 • 내용 읽기, 익히기, 발음 연습

생각해 봅시다

❶ 복습의 목적은 무엇인가?
❷ 복습은 어떻게 하는 것이 효과적일까?
❸ 말하기 교육 도입 단계에서 내용 소개에 중점을 두어야 하는 이유는 무엇일까?

1) 도입 단계의 전개

무슨 일을 하든지 준비가 필요하다. 도입 단계는 본격적인 수업을 하기 전에 학습자의 흩어진 정신 자세를 정리하는 과정이다. 우선 교사는 학습자가 자기의 모국어 환경으로부터 정신적으로 이완되도록 해야 한다. 모국어로 생각하고 말하던 것을 한국어로 생각하고 표현하게 하여 공부할 마음의 준비를 시킨다. 그러면서 지난 시간에 배운 것을 확인하고 그것을 새로 배울 것과 연계하는 복습 시간을 갖는다. 학습자가 호기심과 함께 공부하려는 의욕을 갖도록 산뜻하게 출발하는 것이 관건이다.

> 학습자와 공감대를 형성할 생각으로 외국어로 잡담부터 시작하는 것은 금물이다.

(1) 복습

복습의 목적은 학습자의 입장에서는 전에 배운 것을 상기하고 확인하면서 앞으로 배울 대상과 연계하여 도움이 되게 하는 것이고, 교사의 입장에서는 자기의 교수 행위가 올바르게 전달되어 학습자가 바른 지식을 가지고 있는지 확인하는 것이다.

한국어 교육에서 복습을 강조하는 이유는 언어는 반복해서 사용하지 않으면 곧 잊어버리기 쉽기 때문이다. '언어는 습관'이라는 이론을 강조해서가 아니라, 실제로 언어의 사용은 수학 공식처럼 외워서 대입하면 되는 것이 아니고 규칙의 기억만으로 되는 것도 아니기 때문에 끊임없는 반복의 기회를 주어야 한다.

새 항목을 교육하기 위해서 과거의 배운 지식을 디딤돌로 삼는 것은 대단히 유용한 방법이다. 단어나 문법뿐만 아니라 문화를 포함한 내용도 과거에 다룬 것과 연계하면 쉽게 설명할 수 있고 또 기억하는 데도 도움이 된다. 그래서 수업을 본격적으로 시작하기 전에 복습을 하는 것이다.

그런데 학습자의 입장에서 보면 복습은 지루한 시간이 되기 쉽다. 지난 시간에 충분히 배웠다고 생각하는 것을 다시 반복하는 것은 새 것을 배우겠다는 기대감에 차 있는 학습자들을 실망하게 한다. 이러한 점을 고려하여 교사는 같은 항목을 다루더라도 다른 교수 방법을 써서 분위기를 새롭게 조성하거나 전혀 다른 자료를 써서 학습자들이 반복이라는 인상을 갖지 않도록 한다.

그러나 이미 본 수업에서 여러 가지 자료와 방법을 동원한 교사로서는 새 것을 찾기란 쉽지 않다. 그림이나 비디오 자료를 사용하면 좋겠지만 시간이 제한되어 있으므로 간단히 질문응답식으로 단어와 문형을 확인하는 것이 고작이다. 형식적인 복습은 교사나 학습자 모두에게 도움이 안 되는 시간 낭비라는 것을 잊지 말자. 학습자와 관련이 있는 실제 상황을 활용하고, 실제 상황에서 어떻게 쓰이는지 보여 주도록 노력한다.

복습 시간에 유인물로 된 문제 풀이 수업을 하는 경우가 있는데 이런 유인물은 숙제로 내주어야 한다. 수업 시간은 한국어 화자(교수자)와 상호작용할 수 있는 귀중한 시간이다. 이 시간을 최대한으로 활용한다.

복습 주기는 날마다 수업을 하는 경우 전날에 배운 것을 복습하고, 주 5일 수업인 경우에는 5일째 되는 날 한 주 동안 배운 것을 종합해서 복습 시간을 갖는다. 한국어 교재에 다섯 항마다 복습할 수 있게 된 것이 있는데, 이것도 이 원칙을 따른 것이다. 그리고 한 달에 한 번 또는 한 학기에 두 번 정도 평가 형식으로 정리하는 시간을 가질 수 있다. 한 학기를 끝내고 진급한 후 학기 초에는 전 학기에서 배운 것 중 중요한 내용과 문법을 한 번 훑어 주는 문제 풀이식 복습 시간도 필요하다. 한 시간이 50분 수업이라면 복습은 5분 정도가 적당하다. 지나치게 길게 하지 않는다.

복습 주기

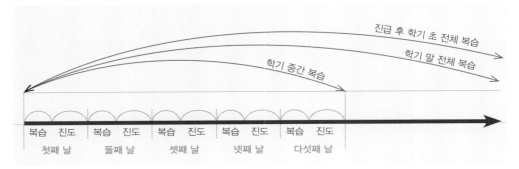

진급 후 학기 초 전체 복습

학기 말 전체 복습

학기 중간 복습

복습	진도	복습	진도	복습	진도	복습	진도	복습	진도
첫째 날		둘째 날		셋째 날		넷째 날		다섯째 날	

(2) 도입

언제나 시작은 어색하다. 새 학기를 맞아 처음 학생을 만날 때는 물론, 새 단원을 시작할 때도 교사는 학생과 호흡이 잘 안 맞을까 봐 긴장한다. 그럴 때 그 분위기를 풀 수 있는 가장 좋은 방법은 학습자 주변 상황이나 현재 사회 정보를 활용하는 것이다. 도입 단계에서도 교실에서 볼 수 있는 것, 눈에 띄는 것 등 가시적인 것에서 시작하여 학습자와 관련이 있는 것, 현재 사회적으로 문제가 되고 있는 것을 예로 들면 접근이 쉬워지고 대화가 잘 풀린다.

교실에서 보여 줄 수 없는 상황은 간단한 사진, 그림, 도표, 비디오, 실물을 통해서 이야기를 끌어낸다. 적절한 자료의 선택은 교실 분위기를 밝고 활기차게 한다.

도입 단계에서 어휘나 문법과 같은 언어 정보보다는 내용과 관련된 문화에 주력한다. 학습자 문화나 학습자가 알고 있는 한국 문화를 상기하게 한다. 이때 깊이 있는 설명을 피하여 학습자에게 부담을 주지 않도록 한다. 잠깐 소개하는 정도로 맛만 보인다. 그러면서 학습자의 오류는 수정을 삼간다. 발음이나 조사와 어미 등의 잘못을 지적하고 수정해 주기보다는 내용 흐름에 관심을 두어야 한다.

종종 교사가 자신이 쓰는 한국어를 학생들이 이해하지 못할까 봐 외국어를 사용하는 경우가 있다. 그러나 정확한 한국어를 사용해서 새 내용과 어휘를 접하도록 하는 것이 본격적인 수업을 위해서 좋다.

가끔 도입을 잘하기 위해서 교사가 시청각 자료를 다량으로 준비하는 경우가 있는데 자료는 적당량만 사용해야 효과가 있다. 양이 너무 많으면 학생을 혼란스럽게 한다. 또 교사가 자기가 공들여 준비한 자료에 심취해서 학습 목표를 잊는 일이 없어야 한다. 그림이 예쁘다든지 사진이 어떻다든지 하는 주제에서 벗어난 이야기는 학생의 집중력을 떨어뜨린다.

(3) 수업의 실제

예1

박미선 : 뭘 드시겠어요?

조영민 : 전 비빔밥을 먹고 싶어요.

박미선 : 비빔밥요?

조영민 : 네, 미선 씨는 뭘 드시겠어요?

박미선 : 전 불고기를 시킬게요.

이해영 외(2012), 『초급 한국어 말하기』, 국립국어원 · 한국어세계화재단, 73쪽.

교사의 질문으로 도입하기

선생 : 한국 음식을 먹어 봤어요?
　　　어떤 음식이 제일 맛있어요?
　　　그 음식을 어디서 먹었어요?

선생 : 한국 식당에 가 봤어요?
　　　한국 식당에서 음식을 먹었어요?
　　　무슨 음식이 먹고 싶어요?
　　　오늘은 '음식'을 공부하겠습니다.

전체 학생을 대상으로 질문한다. 또는 대답하기를 원하는 사람 중심으로 시킨다. 대답으로 학생의 수준을 감지한다. 대답을 못하는 학생은 왜 못하는지 관심을 가지고 지켜본다.

'비빔밥', '음식을 시키다'와 같은 새 단어는 사용을 피한다.

예2

아르바이트를 찾느라고 바빠요

미경 : 수지 씨, 요즘 무슨 일이 있어요?

수지 : 아니요, 요즘 아르바이트를 찾느라고 바빠서 그래요.

미경 : 요즘 아르바이트 구하기 힘들죠?

수지 : 네, 여기저기 찾고 있는데 자리가 많지 않네요.

미경 : 생활정보지에서도 찾아봤어요?

수지 : 생활정보지요? 그게 뭐예요?

미경 : 말 그대로 생활에 필요한 정보나 광고가 있는 신문이에요.

수지 : 어디에 가면 그런 걸 구할 수 있어요?

미경 : 버스 정류장이나 공중전화 근처에 가면 많이 있어요.
그리고 인터넷으로도 찾을 수 있고요.

백봉자 · 최정순 · 지현숙(2006), 『한국언어문화듣기집』, (주)도서출판 하우, 129쪽.

교사의 질문으로 도입하기

선생 : 여러분들은 요즘 아르바이트를 해요? 아르바이트를 하고 있는 사람 손들어 보세요.
아르바이트는 어디서 찾아요?
친구가 소개해 줘요? 친구를 통해 소개받으면 어떤 점이 좋아요?

선생 : 생활정보지를 아세요? 본 일이 있어요? 어디에 있어요?
신문이나 생활정보지에서 아르바이트를 찾아봤어요?
신문이나 생활정보지에 있는 정보가 도움이 돼요?

오늘은 아르바이트 구하는 이야기를 공부할 거예요. 여러분들의 경우를 생각하면서 공부해요.

> '자기가 하고 있는 아르바이트를 이야기해 보세요. 어떻게 소개받았나요? 일주일에 몇 시간 정도 했어요? 일이 힘들었어요? 일을 할 때 제일 어려운 점은 무엇이었나요?' 등 본문에서 확장될 이야기는 꺼내지 않는다. 새 단어와 문법을 공부하고 내용이 풍부해진 다음에 활용 단계나 의사소통 단계에서 한다.

선생 : 이 학생은 지금 무엇을 하고 있는 것 같아요?
　　　무엇을 찾고 있지요?

선생 : 이것은 무슨 광고예요?
　　　이런 광고를 길에 서서 읽어 봐요?
　　　이런 광고를 보고 전화한 적이 있어요?
　　　여러분들은 아르바이트를 구하고 싶을 때 어떤 방법을 써요?

선생 : 지하철로 내려가는 입구예요. 여기 이런 신문 같은 거 본 일이 있어요?
　　　이게 뭐예요? (생활정보지)
　　　이 신문에는 뭐가 있을 것 같아요? 맞았어요. 여기에는 직장을 구하는 사람, 일할 사람
　　　을 구하는 광고, 부동산, 쇼핑, 이런 정보가 들어 있어요. 여러분 나라에도 이런 신문이
　　　있어요?
선생 : 여러분은 아르바이트를 해 보았어요?
　　　여러분이 좋아하는 아르바이트는 어떤 것이에요? 왜요?
　　　오늘은 '6과 아르바이트를 찾느라고 바빠요'를 공부할 거예요.

02 제시 단계

말하기 교수 과정표

과정	단계	내용
도입	① 준비 단계	• 선수 학습 상기(복습) • 학습 동기 유발 • 시청각 자료를 통한 준비 학습
전개	② 내용 제시 단계	• 학습 목표 제시 • 내용 읽기, 익히기, 발음 연습
	③ 어휘의 설명과 연습 단계	• 단어의 의미 설명 • 단어의 연습

생각해 봅시다

❶ 본문 제시는 어떻게 하는가?
❷ 본문 외우기는 왜 필요하며 이론적 근거는 무엇인가?
❸ 본문 외우기를 효과적으로 할 수 있는 방법은 무엇인가?

　도입 단계가 끝나면 본격적으로 내용 학습을 한다. 학생들은 새로운 것을 접한다는 기대 감도 있지만 부담 때문에 긴장을 하는 단계이기도 하다. 제시 단계에서 보여 줄 수 있는 것 은 학습 목표, 본문의 내용, 문화, 과제로 나누어 생각할 수 있다.

　일반적으로 한국어 말하기 교재의 본문은 가벼운 대화체고 번역이 되어 있어서 문장 단 위 설명은 필요 없다. 다만 내용의 배경이 되는 문화를 아주 간단하게 다룬다. 여기서 긴 설 명을 늘어놓으면 강의식 수업이 되기 쉬우므로 주의한다.

　본문이 짧은 이야기로 되었을지라도 거기에는 과제가 있고, 과제 수행 능력 향상을 위한 목표가 있다. 교사는 그 목표를 찾아 학습자가 알게 하고 목표를 이해시킨다.

　외국어 학습을 성공적으로 하는 최선의 방법은 '외워서 기억한 것을 적절하게 활용하는 것'이다. 사실 우리 자신의 경험을 돌이켜 보아도 외우는 것만큼 큰 자산은 없는 것 같다. 그런데도 이 간단한 이치를 우리는 가끔 간과하는 것은 아닐까? 학생들이 외우는 것을 싫 어한다고 지레 짐작하는 것은 아닌가? 적절한 기법으로 체계적인 훈련을 통해서 외우기를 한다면 얼마든지 좋은 결과를 낼 수 있는데 말이다.

1) '대화문 익히기'의 이론적 근거

'대화문 익히기'는 청각구두 교수법에 기초를 두고 있다. 이 교수법에서는 언어 습득의 기본이 되는 어휘나 문법의 사용법을 기억해서 자동적으로 재생산해 낼 수 있도록 하는 것이 가장 효과적인 방법이라고 말한다. 학습자는 외부 자극을 입력하고 그것을 기억하는데, 이 기억한 것을 적당한 기회에 꺼내 자동적으로 발화하여 재생산한다는 것이다. '자극 → 입력 → 기억 → 재생산'의 과정에서 입력과 기억은 발화를 할 수 있는 자산이 되는 것이다. 언어 교육은 습관화를 위한 훈련이고, 외우기는 그 훈련의 기본이다.

2) '대화문 익히기'의 의미

본문은 표준어로 된 모범 문장이다. 외국인 학습자를 위한 교재이니만큼 저자들은 토씨 하나도 신중히 생각하고 정성을 기울였을 것이다. 어휘만 대체하면 폭넓게 활용할 수 있는 대화문을 기억한다는 것은 매우 유용한 일이다.

본문은 현대 한국인의 정서에 맞는 대중적인 문장이다. 일반 한국인들이 자주 쓰는 말이라는 것은 곧 한국어를 공부하는 외국인이 외워서 사용하기에 가장 좋은 말이라는 뜻이다.

초급 교재는 필수 회화나 일상 회화를 중심으로 되어 있다. 따라서 한국인의 실생활에서 흔히 나타나는 보편적 발화 상황이 등장한다. 이러한 담화를 기억하면 한국 문화에 대한 감각을 기를 수 있다. 대화를 여러 번 반복해서 큰 소리로 읽고 외우는 과정에서 정확한 발음을 익힐 수 있고 교정할 수 있다.

3) '대화문 익히기' 방법

대화문을 익히면 여러 가지로 쓸모가 있겠지만 과연 '대화문 익히기'를 신 나게 그리고 역동적으로 할 수 있을까? 그런 방법이 있을까? 사람은 무슨 일이든지 반복하기를 싫어하는 것 같다. 더구나 낯선 외국어를 외운다는 것은 지루하고 힘든 일이다. 발음이 마음과 같이 되지 않고, 해도 해도 막히는 것이 외국어 문장 외우기다. 그래서 학습자는 물론 교사까지도 수업에서 반복 훈련을 귀찮아 한다. 그렇지만 대화문 익히기를 여럿이 함께, 리듬을 타면서 한다면 신 나는 연습이 되고 교실 분위기는 역동적이 되어 목적을 달성할 수 있게 된다. 실력이 모자라서 처지는 사람도, 소극적인 성격 때문에 입을 벌리기 싫어하는 사람도 동참하게 되어서 활기찬 수업 분위기를 만들 수 있다.

(1) '대화문 익히기'의 순서

'대화문 익히기'는 순서를 정해 놓고 한다. 교사는 이 순서를 외워서 항상 일정하게 과정을 이끌어 간다. 기계적으로 그리고 일사불란하게 진행해야 하며 본문 이외에 그 어떤 군더더기 말도 하지 않는다. 모든 지시는 손짓과 표정으로 한다. 처음 몇 시간은 학생과 호흡이 맞지 않아 어색하고 어렵지만 그 시기가 지나면 학생들은 신이 나서 따라 한다. '대화문 익히기'의 순서는 다음과 같다.

> ① 들으십시오.
> ② 듣고 따라 하십시오.
> ③ 다시 듣고 따라 하십시오.
> ④ 대화하기

다음 예를 가지고 '대화문 익히기' 수업의 절차를 보자.

아르바이트를 찾느라고 바빠요

미경 : 수지 씨, 요즘 무슨 일이 있어요?
수지 : 아니요, 요즘 아르바이트를 찾느라고 바빠서 그래요.
미경 : 요즘 아르바이트 구하기 힘들죠?
수지 : 네, 여기저기 찾고 있는데 자리가 많지 않네요.

① 들으십시오.

- 교사는 본문을 외울 정도로 숙지한다. 수업에서 교재를 보지 않고 진행할 수 있도록 한다. 학생들은 예습을 하여 대체로 내용을 알고 있는 상태이며, 수업에서는 교재를 덮고 교사의 입과 몸동작에 집중한다.
- 교사는 본문 전체를 두 번 들려 준다. 전체 내용을 대강 파악하라는 뜻이다.
- 다음에는 문장 단위로 들려 준다. 문장 단위의 발음과 의미를 새겨보라는 뜻이다. 한 문장이 끝나면 휴지를 두어 학생들이 교사의 말을 듣고 입속으로 따라 할 수 있게 한다.
- 일상적인 발음과 속도를 유지한다. 빠르지도 느리지도 않은 보통 속도로 읽는다. 억양은 가장 일반적인 것으로 정해 놓고 늘 같은 억양을 사용한다. 그렇게 하지 않으면 말의 의미가 달라지고 학습자들은 혼란스러워 한다.
- 교사는 가장 자연스러운 입 모양으로 발음을 한다. 학생들에게 정확하게 보여 주기 위

한 인위적인 입놀림은 삼간다.

- 학생들은 책을 들여다보지 않고 교사의 입 모양을 보며 집중해서 듣는다.
- 교재에 등장인물이 두 사람 이상일 때는 대화자를 사진이나 그림을 써 가며 구별할 수 있다. 그러나 인물 묘사를 한다는 생각에 교사가 변성을 하여 발음을 왜곡하지 않는다.

② 듣고 따라 하십시오.

이것은 문장을 외우는 훈련 과정으로서 모든 것을 '학생 전체 → 개인 학생'의 원칙에 따라 한다.

> 선　　　생 : 수지 씨, 요즘 무슨 일이 있어요? (다 같이, 손짓)
> 학생 전체 : 수지 씨, 요즘 무슨 일이 있어요?

- 처음에는 전체 문장을 읽는다. 교사는 학생들이 문장 전체를 따라 할 수 있는지 살핀다.
- 학생 전체를 대상으로 반복 연습을 한다. 학생들은 처음 접하는 어휘와 문장이지만 동료에게 의지하여 합창한다. 부족한 부분이 드러나지 않고 리듬을 타기 때문에 학생들은 안정된 상태에서 연습한다.
- 두 손을 써서 모두가 합창을 하게 지시한다. 35쪽 (2) 참조
- 따라 하지 못하는 사람이 있는지 살핀다.
- 문장에서 어려운 발음을 가진 어휘가 나오면 먼저 연습한다.
- 문장이 길어서 따라 하지 못하는 학생이 있으면 수준에 따라서 의미 단위로 끊어 준다. 한국어가 서술어 중심의 언어라는 것을 이용하여 뒷부분에 중심을 두고 반복한다.

> 선　　　생 : 무슨 일이 있어요? (다 같이, 손짓)
> 학생 전체 : 무슨 일이 있어요?
>
> 선　　　생 : 요즘 무슨 일이 있어요? (다 같이, 손짓)
> 학생 전체 : 요즘 무슨 일이 있어요?
>
> 선　　　생 : 수지 씨, 요즘 무슨 일이 있어요? (다 같이, 손짓)
> 학생 전체 : 수지 씨, 요즘 무슨 일이 있어요?

- 합창은 두세 번 한다.
- 익숙해진 상태를 보아 개인 연습을 한다.

- 개인 연습은 전체 연습 때와 마찬가지로 교사가 모범 발음과 억양을 들려 주고 학생 개인이 따라 하게 한다.
- 교사는 학생이 하는 것을 살피면서 잘못을 교정해 준다.

> 선 생 : 수지 씨, 요즘 무슨 일이 있어요?
> 학생1 : 수지 씨, 요즘 무슨 일이 있어요?
>
> 선 생 : 수지 씨, 요즘 무슨 일이 있어요?
> 학생2 : 수지 씨, 요즘 무슨 일이 있어요?
>
> 선 생 : 수지 씨, 요즘 무슨 일이 있어요?
> 학생3 : 수지 씨, 요즘 무슨 일이 있어요?

- 다음에는 학생 개인이 혼자 할 수 있는 기회를 준다. 홀로서기가 되었는지를 보는 것이다.

> 선 생 : 자, 학생1 해 보세요. (처음 학생은 이름을 불러서 단계가 바뀌었다는 신호를 보내는 것이 좋다.)
> 학생1 : 수지 씨, 요즘 무슨 일이 있어요?
> (학생2에게는 손짓으로 지시한다.)
> 학생2 : 수지 씨, 요즘 무슨 일이 있어요?
> ……

학생들이 문제없이 한 문장을 외울 수 있게 되면 다음 문장으로 옮긴다.

> 선   생 : 따라 하세요. (다 같이, 손짓)
>   아니요, 요즘 아르바이트를 찾느라고 바빠서 그래요.
> 학생 전체 : 아니요, 요즘 아르바이트를 찾느라고 바빠서 그래요.

이번에도 문장이 길어서 따라 하지 못하는 학생이 있다면 서술절을 중심으로 끊어서 한다. 이때 문장은 의미 단위로 끊어야 한다.

선   생 : 바빠서 그래요.
학생 전체 : 바빠서 그래요.

선   생 : 찾느라고 바빠서 그래요.
학생 전체 : 찾느라고 바빠서 그래요.

선   생 : 요즘 아르바이트를 찾느라고 바빠서 그래요.
학생 전체 : 요즘 아-르-바-이-트-를 찾느라고 바빠서 그래요.

이때 '아르바이트'를 제대로 하지 못한다면 이 어휘만을 집중적으로 다룬다.

/아르바이트/는 강세 없이 음절(syllable)의 길이는 같게 발음해야 한다. 한국어는 강세 중심의 언어가 아니라 음절 중심의 언어이고, 이 음절은 각각 같은 길이를 가지고 발음을 해야 한다는 등의 설명을 하며 전체 연습과 개인 연습을 한다. 이것은 발음 연습과 함께 어휘 연습의 의미가 있다.

선   생 : /아 르 바 이 트/ 다 같이 /아 르 바 이 트/
학생 전체 : /아 르 바 이 트/

선   생 : /아르바이트/
학생 전체 : /아르바이트/

선   생 : /아르바이트/
학   생1 : /아르바이트/

선   생 : /아르바이트/
학   생2 : /아르바이트/

발음 연습이 끝나면 다시 문장으로 돌아간다.

선　　　생 : 요즘 아르바이트를 찾느라고 바빠서 그래요.

학생 전체 : 요즘 아르바이트를 찾느라고 바빠서 그래요.

선　　　생 : 요즘 아르바이트를 찾느라고 바빠서 그래요.

학생 전체 : 요즘 아르바이트를 찾느라고 바빠서 그래요.

(학생 개인을 대상으로 하여 연습을 계속한다. 학생1을 손으로 지적하며)

선　　　생 : 요즘 아르바이트를 찾느라고 바빠서 그래요.

학　　생1 : 요즘 아르바이트를 찾느라고 바빠서 그래요.

선　　　생 : 요즘 아르바이트를 찾느라고 바빠서 그래요.

학　　생2 : 요즘 아르바이트를 찾느라고 바빠서 그래요.

대화문 전체 외우기가 끝나면 다음 단계로 간다.

③ 다시 듣고 따라 하십시오.
- ② 듣고 따라 하십시오.에서 문장 단위로 연습한 것을 전체 담화 단위로 정리할 수 있도록 선생이 읽고 학생 전체가 따라 하며 의미를 생각하게 한다.
- 만일 이 단계에서 발음이 안 되거나 문장을 제대로 따라 하지 못하면 다시 그 부분을 반복한다.

④ 대화하기
한국어 교재는 대개 본문이 2~4개의 대화 쌍으로 되어 있다. 외운 대화문을 실제 장면에서 하듯 해 본다. 처음에는 선생이 학생 전체를 대상으로 하여 시작하고 다음에는 학생 전체가 선생을 대상으로 대화를 한다. 그 순서는 다음과 같다.

선　　　생 ↔ 학생 전체

학생 전체 ↔ 선　　　생

선　　　생 ↔ 학생 개인

학　　생 ↔ 학　　생

선　　생 : 제가 먼저 시작할 테니까 대답하세요.
　　　　　수지 씨, 요즘 무슨 일이 있어요?
학생 전체 : 아니요, 요즘 아르바이트를 찾느라고 바빠서 그래요.
선　　생 : 요즘 아르바이트 구하기 힘들죠?
학생 전체 : 네, 여기저기 찾고 있는데 자리가 많지 않네요.

선　　생 : 이번에는 여러분이 시작하세요. 제가 대답하겠어요.
학생 전체 : 수지 씨, 요즘 무슨 일이 있어요?
선　　생 : 아니요, 요즘 아르바이트를 찾느라고 바빠서 그래요.
학생 전체 : 요즘 아르바이트 구하기 힘들죠?
선　　생 : 네, 여기저기 찾고 있는데 자리가 많지 않네요.

이번에는 교사가 한 학생 앞으로 가서 말을 건넨다.

선생 : 수지 씨, 요즘 무슨 일이 있어요?
학생1 : 아니요, 요즘 아르바이트를 찾느라고 바빠서 그래요.
선생 : 요즘 아르바이트 구하기 힘들죠?
학생1 : 네, 여기저기 찾고 있는데 자리가 많지 않네요.

　　교사와 학생의 대화가 끝나면 학생과 학생의 대화를 하게 한다. 학생끼리 짝이 되어 대화를 하는 데에 아무 문제가 없으면 그것으로 마무리한다.

(2) 모든 지시는 비언어적인 수단으로

　　수업에서 교사가 쓰는 손짓과 몸짓, 표정은 수업을 속도감 있고 매끄럽게 하며 원활하게 한다. 특히 '대화문 익히기' 과정에서는 모든 지시를 손동작으로 하라고 권하고 싶다.

- 초급 첫 시간에는 모든 지시를 학습자의 모국어로 말하면서 손동작으로 신호를 주어 의미를 알게 한다. 그 후에는 한국어로 말하면서 손동작을 한다.
- 손동작은 교사와 학습자의 약속이므로 수업 전에 자기만의 것을 개발한다. 거울을 보고 적절하고 아름다운 모습을 찾아 둔다.
- 손동작은 상대를 존중하는 마음을 담아서 한다. 손가락질을 하는 식의 비하하는 동작이 되지 않도록 주의한다.
　"다 같이 따라 하십시오."는 두 팔을 벌리고 손끝을 안으로 끌어들이는 동작을 한다. 물론 입으로는 "다 같이"라는 말을 거푸한다.

- 개인을 시킬 때는 오른손을 적당하게 펴서 가리키며 학생과 눈을 맞추어 신호를 준다. 짝 활동을 지시할 때는 오른팔을 펴서 한 사람을 지적하고 이어서 그 손끝이 짝이 될 사람에게 떨어지도록 해서 대화를 시작할 사람과 받을 사람을 알게 한다.
- 교실 수업을 효율적으로 하려면 교사는 늘 서서 가르쳐야 한다. 서서 수업을 하면 양 팔과 손을 사용할 수 있음은 물론 움직일 수 있다는 이점 때문에 수업 분위기가 역동적이 되고 유연해진다.
- 학생의 이름을 부르지 않고 손으로 학생을 시키면 학생은 교사에게 주목하게 되고 약간의 긴장감으로 수업 분위기가 좋아진다.

교사가 피곤하다고 의자에 털썩 앉은 자세로 가르치면 어떻게 될까? 자연히 허리를 구부리고 몸을 움츠리게 된다. 이때 발성 기관도 함께 우그러들어서 예쁜 소리가 나지 않고 정확한 발음도 내기가 쉽지 않다. 만일 책상에 턱이라도 궤고 앉아서 수업을 한다면 어떻게 될지 상상해 보라.

03 어휘의 설명과 연습 단계

말하기 교수 과정표

과정	단계	내용
	② 내용 제시 단계	• 학습 목표 제시 • 내용 읽기, 익히기, 발음 연습
	③ 어휘의 설명과 연습 단계	• 단어의 의미 설명 • 단어의 연습
	④ 문법의 설명 단계	• 도입 – 선행 학습한 것을 목표 문법과 연계하여 점검 • 제시 – 구두 제시와 판서 • 설명 – 교사의 설명과 학습자의 유추

생각해 봅시다

❶ 어떻게 하면 어휘를 잘 설명할 수 있을까?
❷ 어휘 설명을 한국어로 해야 하는가?
❸ 어휘 교육에서 확장의 범위는 어디까지인가?
❹ 나는 한국어 어휘를 어느 정도 정확하게 알고 있는가?

언어 교육에서 어휘 교육은 교수법에 따라 그 중요도를 달리해 왔다. 구조주의에서 어휘는 문법을 가르치기 위한 도구로만 여겼기 때문에 한국어 교육 초기에는 어휘 확장을 최소한으로 억제하였다. 그러나 의사소통 중심이나 담화 중심으로 교수를 한 후부터는 말의 내용이 되는 어휘력을 길러야 한다고 생각하게 되었다.

한국어 교육에서 어휘는 사용 빈도와 난이도에 따라서 등급을 정해 놓고 있지만 학습자의 언어 수준과 관계없이 주제와 전문 분야에 따라 제시하는 경우가 많아지고 있다.

1) '새 단어'의 개념

한국어 수업에서 사용하는 '새 단어'란 이전에 학습한 일이 없는 것이면서 해당 단원의 핵심적 역할을 하는 단어를 말한다. 즉 그 수업에서 다룰 내용과 관련이 있는 단어, 난이도나 빈도수로 보았을 때 적당하다고 생각되는 단어다. 개별 단어

> '어휘'란 한 언어에서 사용되는 단어의 전체를 말하는 것으로 언어학적 개념으로 사용되는 용어이고, '단어'란 말의 최소 단위의 낱말을 가리키는 것이다. 그러므로 수업에서 사용하는 개체의 낱말을 지칭할 때는 '단어'라고 해야 한다.

이외에 숙어와 관용구와 같은 표현 단위들도 포함할 수 있다.

단어와 표현 단위가 수업에서 가르칠 대상으로 확정되면 교사는 그것을 표현(생산) 어휘로 다루어야 할지 아니면 이해 어휘로 다루어야 할지 판단한다. 이해 어휘는 문장 안에서 어떤 의미로 쓰이고 있는지 알게 하고 넘어가면 된다. 하지만 표현 어휘는 의미와 함께 사용법을 익혀서 문장을 생산하는 것을 목표로 해야 하기 때문에 연습이 필요하다.

한국어 교육에서 단어는 초급에서 2000개, 중급에서 4000개, 고급에서 8000개라고 한다. 하지만 초급에서는 숫자를 정해 제한적으로 제시해도 중급 이상에서는 학습자의 능력과 여러 변인에 따라 융통성 있게 제시해야 한다.

2) 단어의 설명과 연습

(1) 말하기 교육에서 어휘는 내용 제시 단계가 끝난 후에 다룬다(21쪽 「말하기 교수 과정표」 참조). 학습자가 전체 내용을 이해한 후 외우기를 통해 어느 정도 담화에 익숙해지면 개별 어휘와 문법에 관심을 갖게 된다. 이때 새 단어가 문장 안에서 어떤 의미로 쓰였는지 의미와 기능은 무엇인지 이해하게 하고 단어로 문장을 만들게 하는 등 표현을 유도한다. 그리고 사용의 폭을 넓히는 훈련을 한다.

(2) 어휘 교육은 단어의 특성에 따라서 접근법을 달리한다. 가능하면 초급에서는 실물을 보여 주는 것이 가장 쉽고 빠른 길이다. 추상적인 사실을 설명할 때는 시청각 자료를 활용한다. 그러나 그림이나 사진은 정확성이 떨어진다는 점을 고려해야 하고 양을 조절해야 한다. 설명을 하는 데는 교사의 몸짓과 동작이 아주 좋은 도구가 된다. 교사의 표정은 물론 머리부터 발끝까지 모든 것을 동원하여 학생의 이해를 이끌어 내는 데 도움을 준다.

(3) 고급에서는 대부분 구두 설명을 한다. 구두로 설명할 때는 먼저 사전적인 설명을 할지, 예문을 먼저 제시할지를 생각한다. 설명을 분명하게 할 수 있는 것은 의미를 직접 제시하는 것이 좋겠지만, 의미가 애매하여 설명으로는 이해가 어려운 단어는 예문을 제시하여 담화 상황에서 이해하도록 한다.

① 교사는 정확한 지식 전달을 위해 사전을 찾아본다. 단어를 잘 알고 있다고 자신하기 전에 사전을 찾아 확인한다. 사전의 설명은 의외로 정확하고 간단하여 도움이 된다.
② 학습자 수준에 맞는 쉬운 말로 설명한다. 사전에는 설명하려는 단어보다 오히려 어

려운 말이 나온다. 학생이 알고 있는 단어를 동원하여 학습자 수준에 맞는 말로 설명한다. 선행 학습한 단어를 사용하는 것은 단어 사용의 실례를 보여 주는 것이 되고 학생으로 하여금 기억을 상기하게 하는 일석이조의 구실을 한다.

③ 설명은 간결하게 한다. 장황한 설명은 학습자를 혼란스럽게 하고 교사 자신도 그 늪에서 헤매게 된다. 준비가 안 되었을 때는 자기도 모르게 부족한 부분을 메우려고 중언부언한다. 꼼꼼하게 준비할수록 설명은 학습자에게 맞게 간결해진다는 것을 잊지 말자.

④ 설명할 때는 학습자의 지식과 경험을 활용한다. 그러나 다음과 같은 예를 조심한다.

> **예** '자주'를 가르치면서 "집에서 편지가 자주 와요?", "네, 자주 와요."라는 연습을 했다면 그것은 좋은 질문응답이 아니다. 왜냐하면 '자주'에 대한 기준이 마련되지 않았기 때문이다. '자주, 가끔, 때때로'와 같은 단어에는 화자의 주관이 깔려 있는 데다가 화자와 청자 사이의 담화 상황이 작용하기 때문에 단순 비교를 하면 안 된다.

⑤ 문장 구조를 동원하여 설명한다. 단어만을 뚝 떼어서 설명하려 하지 말고 그 단어가 쓰이는 문장 구조를 동원하는 것이 이해하는 데나 나중에 문장을 만들 때 도움이 된다. 우선 본문 내용을 이용해서 상황에 맞춘다. 그리고 함께 쓰는 조사나 어미 또는 의미와 기능을 나타내는 문법 요소를 붙여서 설명한다. 단어의 의미는 문장 구조에 의해서 영향을 받기 때문이다.

> **예** '주다'라는 동사는 '무엇을 주다', '무엇을 누구에게 주다'라고 했을 때 의미가 생긴다. 그러므로 "주다는 to give입니다."라고 하는 것보다는 '-을/를 -에게 주다'라고 칠판에 써 놓고, 교사는 학생1에게 연필을 주면서 "연필을 학생1에게 줍니다."라고 교육한다.

> **예** '지금'이라는 단어를 설명할 때는 시상 어미와 함께 문장을 만들어야 시간적인 범주를 설명할 수 있다. 다음과 같은 예문을 들어 주면서 '지금'이 어떻게 쓰이는지 설명한다.
>
> (전화하는 시늉을 하며) 지금 뭘 해요?
> 지금 전화를 해요./하고 있어요. (현재/현재 진행)
>
> 언제 왔어요?
> 지금 왔어요. (과거/동작의 완료)
>
> 빨리 오지 않고 뭘 해?
> 네, 네, 지금 가요. 곧 갈게요. (미래, 화자의 의지)

⑥ 언어적으로나 정서적으로 그 어휘에 꼭 맞는 문장을 예로 든다.
단어의 의미를 나타내는 적절한 예문을 들어 주거나 문형을 동원하면 설명 못지않은 설명이 된다. 적절한 예문과 관련어로 그 단어의 의미를 유추하도록 한다.

예 조심하다 : '운전 조심', '감기 걸리지 않게 몸조심하세요', '실수하지 않도록 말을 조심했어요'
눈(雪) : '하얀 눈', '겨울에는 눈이 와요', '길이 미끄럽다'
복종하다 : '-어(아/여)야 하다'
담배 : '금연', '-어(아/여)도 됩니까?', '아니요, -(으)면 안 됩니다'

⑦ 예문은 일상적이고 보편적인 내용을 택한다.

한국 문화는 외국인 학습자들에게는 학습을 하지 않으면 익힐 수 없는 영역이다. 어휘 학습을 할 때 문화까지 학습해야 하는 부담을 갖도록 해서는 안 될 것이다. 어휘 설명은 간결하고 명료해야 하는데 문화처럼 복잡한 요소가 삽입되면 핵심이 흐려져 의미를 알기가 어려워진다. 인종이나 국가와 관계없이 인간 모두가 보편적으로 느끼고 표현하고자 하는 공통적인 관심사를 예문으로 한다.

⑧ 학습자 중심의 사고에서 예문을 찾는다면 학습자를 쉽게 이해시킬 수 있을 것이다. 학습자의 관심 분야를 끌어들여 학습자 요구에 맞는 내용과 문장을 제시한다.

예 새 단어로 '구하다'가 나왔다면 학생의 입장에서 구하는 것이 무엇일까를 생각한다.

N을/를 구하다

일자리, 직장
방, 하숙집

(4) 영어나 한자 등 학습자의 모국어로 번역하여 판서한다.

장황한 설명을 피할 수 있는 가장 좋은 방법은 번역이다. 그러나 수업 중에 교사가 외국어로 설명을 하는 것은 학습자의 사고 체계에 혼란을 줄 수 있기 때문에 되도록 피해야 한다. 한국어 단어와 같은 의미와 기능을 가진 단어가 다른 언어에 있을까? 물론 없다. 의미가 같으면 기능이 다르고, 기능이 같으면 의미가 일치하지 않는다.

입으로는 한국어로 설명하면서 영어나 한자로 슬쩍 판서를 해 주면 간섭 현상을 최소화할 수 있을 것이다.

3) 단어의 확장

새 단어를 이해시킨 후에는 관련 어휘를 찾아 확장한다. 관련 어휘의 범위는 학습자의 언어 수준과 관심의 폭에 달려 있다. 언어학적인 입장에서 필수 어휘군에 속하는 것들을 빼놓아서는 안 되겠다. 나머지는 학습자를 고려해서 학습자 중심으로 다룬다.

(1) 단어를 확장할 때는 용어 사용에 주의한다.

'같은 말', '반대말'이라는 용어 대신 '비슷한 말[類義語]', '관련이 있는 말[關聯語]'을 쓰는 것이 합리적이다. 엄밀하게 말해서 한 언어에 같은 의미와 기능을 가진 두 개의 단어는 존재하지 않는다. 의미가 같은 것 같아도 무엇인가 다르고, 적어도 느낌이라도 다르다. 만일 아주 똑같은 단어가 둘 있다면 그중 하나는 사어[死語]가 되어 버린다. 또 '반대말'도 존재하지 않는다. '가다'의 반대가 '오다', '안 가다'가 아닌 것과 같다. 따라서 한국어 교육에서는 수학 기호 '='과 '≠'를 쓰지 않는다.

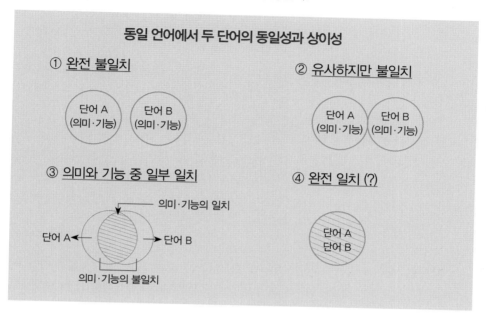

(2) 단어의 확장은 다음과 같이 한다.

① 하나의 단어를 체계화하거나 연상을 통해서 넓혀 나간다.

> 예 [언니] → 오빠 → 동생 → 여동생, 남동생
> [교통수단] → 버스, 택시, 지하철, 기차, 비행기
> → 해상 교통수단, 공중 교통수단
> [우울하다] → 비가 오다, 날씨가 흐리다, 커피 생각이 나다
> → 희망이 없다, 실망하다, 외롭다, 자살

② 문장의 구조를 동원하여 넓혀 간다.

> 예 　　-을/를 수리하다　　　　-을/를 수선하다
> 자동차　　　　　　　옷
> 시계　　　　　　　가방
> 집　　　　　　　구두

③ 고급 수준에서는 어휘 조성 과정을 보임으로써 넓혀 간다.

> 예 덧-니, 덧-신
> 멋-쟁이, 수다-쟁이, 거짓말-쟁이, 깍쟁이

④ 한자를 동원해서 한자어 어휘를 교육한다.

> 예 서재(書齋), 서류(書類), 서고(書庫), 서신(書信), 문서(文書)
> 가족(家族), 민족(民族), 족보(族譜)

잠깐만

- 교실이라는 제한된 공간에서 할 수 있는 어휘 연습 활동으로는 끝말잇기, 단어 설명하기, 단어 맞추기(스무고개식 어휘 추론) 등이 있다. 학습자의 긴장감을 덜어 주면서 사고의 탄력을 받을 수 있도록 다양한 연습을 한다. 가끔은 재미있게, 모두가 참여할 수 있는 게임 형식을 빌리는 것도 좋다.
- 한국어 학습에서 단어를 많이 아는 것은 큰 힘이 된다. 그래서 교사는 학생들이 배운 단어를 기억하고 자주 활용할 수 있도록 도와야 한다. 벽에 써 붙이는 수고만으로는 학습자에게 아무 의미가 없다. 교사가 지속적으로 그 단어에 관심을 보여야 효과가 있다.
- 학습이 끝난 단어는 칠판 한쪽에 써 놓는다. 수업이 진행되는 동안에 그 단어를 계속 보고 활용하게 되니까 자연히 자극을 받게 되고, 기억에 남게 된다.
- 학습자 중에는 유난히 사전에 의지하는 사람이 있다. 수업 중에도 사전을 찾고 심지어 교사가 단어를 설명할 때도 사전만 들여다보는 사람이 있다. 모르는 것이 나올 때마다 사전을 찾으면 수업의 흐름을 놓치게 되고, 또 사전의 설명과 교사의 설명이 일치하지 않는다고 오해하기 쉽다. 사전은 집에서 사용하게 하고 수업에서는 교사에게 집중하도록 한다.

4) 어휘의 설명과 연습의 실제

예1

근처

수지 : 어디서 만날까요?
리치 : 학교 근처에서 만나요.

1단계 '학교 근처', '근처'가 무슨 뜻이에요?
학교에서 가까운 곳이라는 뜻이에요.

2단계

3단계 판서에 조사를 삽입한다.

4단계 교사의 예문

선생 : 어디에서 만날까요? 학교 근처에서 만날까요? 그런데 학교 근처에 좋은 음식점이 없어요. 어디에서 만나는 게 좋아요?

5단계 선생 : 오늘 어디서 만날까요?

선생 : 저는 백화점 근처에서 살고 싶어요.

좋은 물건을 싸게 살 수 있을 것 같아서요. 리치 씨는요?

> 근처라는 단어를 넣어서 학생들이 말을 하도록 유도한다.

6단계 단어 확장

선생 : '근처'와 비슷한 말로 '부근(附近)'이 있습니다.

> 판서한다.

부근은 근처에 비해서 좀 넓은 곳(공간)을 생각하게 합니다.

학교 부근, 서울역 부근

'서울역 근처'라고 하면 서울역의 앞, 뒤, 옆의 가까운 거리의 장소를 생각하게 되고 '서울역 부근'이라고 하면 좀 더 넓은 범위의 공간을 생각하게 됩니다.

우리 집 부근
우리 집 근처

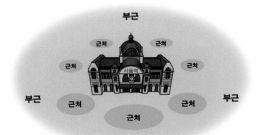

'부근'은 사람에게 쓰지 않습니다.

내 근처에 오지 마.
이 근처에 오지 마.

> 내 부근에 오지 마. (×)
> 이 부근에 오지 마. (○)
> '이'가 사람을 가리키면 안 되지만, 장소를 가리키면 사용 가능한 문장이 된다.

예2 　괴롭다

수미 : 여자 친구와 헤어져서 괴로워요?
남수 : 아니요, 벌써 다 잊어버렸어요.

1단계 　'괴롭다'의 의미를 알고 있는지 점검한다.
　　　　 선생 : 친구와 헤어지면 괴로워요?

2단계 　형태적 의미와 기능을 준다.

> "괴롭다는 무슨 말이에요?"라는 질문보다
> 본문에 있는 내용을 이용한다.

　　　　 선생 : '괴롭다'는 몸이나 마음에 아픔
　　　　 　　　 을 느끼는 것입니다.
　　　　 　　　 '괴롭다'는 동사예요.

> 사전적 의미를 준다.

> 동작동사나 상태동사의 구분을 하지
> 않는다. 품사의 명칭보다는 형태적
> 으로 어떻게 어미 활용을 하는지가
> 더 중요하다.

```
괴롭다
괴로워요, 괴로워서, 괴로우면, 괴로우니까
```

　　　　 다 같이.
　　　　 누가 괴로워요? 내가요. 그렇지요.

> 교사는 손으로 판서하면서 입으로는 단어의
> 활용을 말한다. 따라 하게 한다.

여기서 남수 씨는 지금 어떻게 하고 있어요? 괴로워하고 있어요.

3인칭일 때는 '괴로워하다'를 써요.

```
괴롭다
괴로워요, 괴로워서, 괴로우면, 괴로우니까
괴로워하다
```

누가 괴로워해요? 네, 그 사람이, 그 사람이 괴로워해요. 다 같이 따라 하세요.
그 사람이 괴로워해요.

> 문장으로 단어의 의미를 이해하도록 유도한다.

3단계 여러분들은 어떤 때 괴로워요?, 몸이 아플 때?, 거짓말을 했을 때?
시험을 못 봤을 때?

> 학생들이 생각할 수 있도록 아이디어를 제공한다.

아버지/어머니는 어떤 때 괴로워하세요?
친구가 괴로워하면 어떻게 (위로)해 줘요?

4단계 '괴롭다'로 문장을 만들어 보세요.

5단계 관련어 소개
'괴롭히다', '괴롭힘을 당하다'

예3 **부딪치다**

양양 : 이마가 왜 그래요? 혹이 났군요.
수미 : 청소하다가 책상에 <u>부딪쳤어요</u>.
양양 : 저런, 약은 발랐어요?

'부딪치다'는 '부딪다'의 강한 말인데 '부딪치다' 형태가 주로 쓰인다. "물체와 물체가 세게 맞닿는 것을 이르는 말", "어떤 사태에 직면하다"의 뜻을 가지고 있다. '부딪히다'는 피동형으로 '부딪침을 당하다'의 뜻이지만 사용 빈도가 낮다.

1단계 의미

"책상에 부딪쳤어요."는 무슨 뜻이에요?
무엇을 책상에 부딪쳤어요? 맞아요. 이마를 부딪쳤어요.
'부딪치다'는 어떤 물건이 다른 물건에 세게 닿는 것이에요.

> '부딪치다'의 의미를 끌어내기 위해서 본문을 이용한다.

> 교사는 이마가 사물에 부딪치는 시늉을 한다.

문장에서의 사용법

부딪치다, 부딪쳤습니다, 부딪치겠습니다, 부딪쳐요, 부딪쳐서

문장에서는 이렇게 사용해요.

학생들이 어미 활용을 따라
하도록 한다.

문장을 만들어 볼까요?
머리를 어디에 부딪쳤어요?
머리를 가로수에 부딪쳤어요.
또 어디에 부딪쳤어요? 맞아요. 전봇대에 부딪쳤어요.

혜리가 마주 오는 사람과 부딪쳤어요?
네, 혜리가 마주 오는 사람과 부딪쳤어요.
아니요, 안 부딪쳤어요.

응답으로 의미 확인

선 생 : 머리를 어디에 부딪쳤어요?
학생1 : 머리를 가로수에 부딪쳤어요.
선 생 : 그래서 어떻게 되었어요?
학생1 : 머리를 가로수에 부딪쳐서 피가 났어요.

학생들이 참여하는 단계

선 생 : 이마를 어디에 부딪쳤어요?
학생2 : 이마를 가로수에 부딪쳤어요.
선 생 : 그래서 어떻게 되었어요?
학생2 : 이마를 가로수에 부딪쳐서 혹이 났어요.
선 생 : 그 여학생과 부딪쳤어요?

학생3 : 네, 그 여학생과 부딪쳤어요.

선 생 : 그래서 어떻게 했어요?

학생3 : 그 여학생과 부딪쳤지만 그냥 아무 말도 못했어요.

선 생 : ○○ 씨의 차가 마주 오는 자전거와 부딪쳤어요?

학 생 : 아니요, ○○ 씨의 차는 마주 오는 자전거와 부딪치지 않았어요.

4단계   의미의 확장

선생 :   '부딪치다'는 "생각이나 반대 의견이 어디에 부딪치다."라는 뜻이 있어요.
그래서 "어려움에 부딪치다"라는 뜻으로도 써요.

생각이 벽에 부딪쳤어요. 그래서 아무 생각도 안 나요.
반대에 부딪쳐서 결론을 내지 못했다.

예4

큰코다치다

김 선생 : 아직도 수미 씨가 고집을 부리고 있어요?
그렇다면 내가 이야기를 해야겠군요.

리   치 : 괜히 말을 잘못했다가는 <u>큰코다쳐요.</u>

1단계   의미

큰코다치다

• 큰 코

코가 크다는 것은 코가 높다는 뜻입니다. 즉 자존심이 세다는 뜻이에요.

• 큰코다치다

코가 높아 자존심이 센데 그 큰 코에 상처를 나게 하는 것입니다. 그러니까
자존심에 상처가 나게 된다는 뜻입니다.

연어의 의미   **본문을 통해서 연어의 의미를 확실하게 보인다.**

큰 코는 누구 코예요? 네, 김 선생님의 코예요. 김 선생의 자존심이지요. 김 선생이 수미 씨에게 말을 잘못하면 수미 씨가 김 선생의 자존심을 상하게 할 수 있다는 의미입니다. 이 말은 ① 남자가 여자에게 말을 잘못해서 ② 여자가 화가 나고, ③ 그래서 여자가 남자에게 남자의 자존심을 상하게 하는 말을 하니까 ④ 조심하라는 뜻으로 자주 씁니다.

3단계   담화 상황으로 의미를 소개

"괜히 말을 잘못했다가는 큰코다쳐요."에서 '큰코다쳐요'는 '큰코다칩니다'라는 설명문이에요? 아니면 다른 의미가 있을까요? 맞아요. 다른 의미가 있어요. '큰코다칠라', '큰코다칠까 봐 걱정된다' 이런 뜻이지요. 그래서 이 문장은 대개 '-(었)다가는'과 같이 쓰입니다.

> -(었)다가는 큰코다쳐요.
>
> 쓸데없는 말을 하다가는
>
> 알지도 못하고 말했다가는

소문만 듣고 둘이 사귀느냐고 말했다가는…….

'괜히', '공연히'를 붙여서 쓰기도 합니다.

4단계   관련어 소개

'큰코다치다'와 비슷한 말로 '코가 납작해지다'가 있어요.

'큰코다치다'는 "이렇게 하면 네가 큰코다친다."라고 해서 주로 2인칭에 쓰는데 '코가 납작해지다'는 3인칭에 씁니다. '납작해지다'는 '낮게 되다'라는 뜻입니다.

> 내가 증거를 내놓았어요. 그 사람이 거짓말한 것이 다 알려졌지요. 그러니까 그는 코가 납작해져서 아무 말도 못했어요. 나는 그의 코를 납작하게 만들었어요.

- 여러분은 어떤 사람과 대화를 하면 큰코다칠 위험이 있어요?
  다음 경우로 대화를 만들어서 큰코다치게 해 보세요. (짝 활동)

  사귀고 싶은 여자/남자와 대화할 때
  아버지가 엄마와 대화할 때
  회사에서 아랫사람이 윗사람과 대화할 때

- 여러분은 어떤 사람의 코를 납작하게 만들어 주고 싶어요? 어떻게 하면
  코가 납작해질까요? 이야기해 보세요.

04 문법의 제시, 설명 그리고 확인 단계

말하기 교수 과정표

과정	단계	내용
전개	④ 문법의 설명 단계	• 도입 - 선행 학습한 것을 목표 문법과 연계하여 점검
		• 제시 - 구두 제시와 판서
		• 설명 - 교사의 설명과 학습자의 유추
		• 확인 - 학습자의 이해 정도를 확인
	⑤ 문형 연습 단계	• 문형 중심, 문장 중심 연습 • 의사소통 능력 배양을 위한 반복 연습 • 담화 체계 중심, 표현 중심의 유의미적 연습
		• 분석적인 연습 체계

생각해 봅시다

❶ 언어의 자질과 문법 교육은 어떤 관계가 있는가?
❷ 문법 설명에서 단계가 필요한 이유는 무엇인가?
❸ 문법 설명을 어떻게 효과적으로 전개할 수 있을까?
❹ 문법 설명은 항목에 따라 접근법을 다르게 해야 하는가?
❺ 문법 설명을 할 때 유의해야 할 점은 무엇인가?
❻ 판서를 효과적으로 하려면 어떤 점에 유의해야 하나?

01 언어의 자질과 문법 교육

언어 교육에서 볼 때 언어의 구성은 구조적 양상인 형식과 기능적 양상인 담화 그리고 사회 문화 양상으로 되어 있다. 이러한 양상은 언어 실현 단계에서 이들을 종합하게 되고 여기에 화자의 경험적 양상이 더하여져서 표현으로 나타난다.[2]

언어에서 형식은 문법의 형태적 요소를 말하는 것이다. 이것은 이론 문법에 기초를 둔 규칙이기 때문에 언어의 의미와 기능에 충실하면 이해할 수 있다. 초급 교재에 나오는 다음과 같은 이야기는 수업에서 대개 표면적인 의미 구조로 해석하고 교육하는 것으로 끝난다. 처음 만나서 인사를 하고 자기 이름을 소개하는 것이 목표이고 과제다. 문장의 이면 상황

---

2) H. H. Stern(1983), 『Fundamental Concepts of Language Teaching』, Oxford University Press, pp. 246~268.

이나 담화 환경을 생각할 여유가 없는 초급이기 때문에 언어의 형태만을 단순하게 처리하는 것이다. 이것은 분석적인 입장에서 문장들을 보니까 의미는 늘 고정적일 수밖에 없다.

> 김 선생 : 어서 오십시오.
> 박 선생 : 네, 안녕하십니까? 제 이름은 박수근입니다. 잘 부탁합니다.
> 김 선생 : 김철수입니다. 앉으십시오.

그런데 이러한 간단한 담화일지라도 담화 참여자, 담화가 일어나는 장소, 배경, 입말일 때는 억양과 강세, 글일 때는 글의 형식을 생각하면 다양한 해석이 가능해진다. 김 선생은 이곳의 주인이고 박 선생은 손님이고 대화체로 보아 격식을 차리는 사이, 박 선생은 이곳에 아쉬운 말을 하러 온 사람 같은 느낌을 받게 한다.

언어의 자질 가운데에서 가장 복잡한 것이 문화적 요소다. 어느 사회나 사회 구성원들은 주관적인 가치관을 가지고 있다. 이 개인의 가치관을 상호작용을 통해서 협상하고 타협하면서 생기는 공동의 가치관을 사회 문화 공동체의 정서라고 한다. 이 공동체 문화가 언어를 실현하는 데 하나의 중요한 요소로 작용하는 것이다. 이 짧은 담화에서도 한국인의 문화와 정서를 볼 수 있다. 박 선생은 "잘 부탁합니다."라는 말을 하고 있다. 이것이 일본 사람이 한 말이라면 하나의 의례적인 인사라고 할 수 있겠지만, 한국 사람들은 정말 잘 부탁해야 할 일이 있지 않으면 이 말을 쓰지 않는다.

언어를 구성하는 요소에는 화자나 청자의 경험이 작용한다. 표현을 하는 과정에서나 이야기를 듣고 이해하는 마지막 단계에서 언어를 실현할 때 화자나 청자는 자기의 경험과 지식을 토대로 하여 창의력을 발휘한다.

언어의 자질과 표현

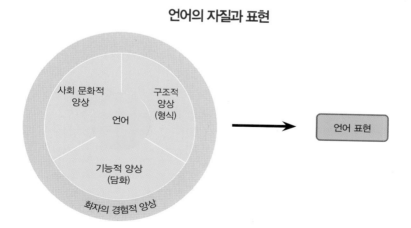

언어의 이러한 자질들은 언어 교육을 하는 데 분석적 접근이 효과적인지 아니면 종합적 접근이 효과적인지를 고민하게 한다. 그러나 수업 현장에서 학습자를 살펴보면 어느 한쪽만을 취할 수 없음을 알 수 있다. 즉 분석적 입장에서 종합적으로, 종합적인 입장에서 분석적으로 교육을 해야 한다는 것을 알 수 있게 되고, 수준 높고 깊이 있는 교육을 위해서는 이러한 과정의 반복이 불가피하다는 것을 알 수 있다.[3] 문장의 기본 단위를 형태에 두고 분석적인 방법을 사용할 경우라고 해도 문맥을 고려할 때는 문장을 넘어 담화 단위로 발전할 수밖에 없다. 문맥 중심으로 담화의 의미와 기능을 살필 수밖에 없는 것이다. 또 내용을 중심으로 하여 문맥 위주로 한다고 해도 문장과 담화를 구성하는 문법 요소를 무시할 수는 없는 것이다.

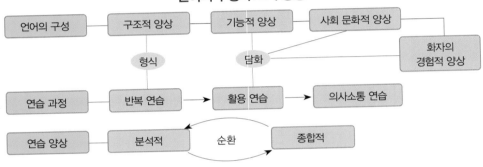

언어의 구성과 교육 양상

02 문법 설명의 전개 과정

본문에 나와 있는 대화문 내용을 이해하고 어휘 연습이 끝나면 문법을 가르친다. 문법 교육은 각 문법 요소마다 '도입 → 제시 → 설명 → 확인 → 연습'의 순서로 진행한다(21쪽 '말하기 교수 과정표' 참조).

- 도입에서는 해당 문법과 관련 있는 문법을 상기하면서 이해 정도를 점검한다.
- 제시에서는 본문의 글에서 문법 항목을 추출하여 제시한다.

  예를 들면 조사 '-에게'가 새 문법이라면 '-에게'가 그 시간에 다룰 항목이라는 것을 알리고 선수 학습한 '-한테'를 상기시킨다. 그러면서 '-한테'를 학생들이 어느 정도 알고 있는지 점검한다.

---

3) 우형식(2009), 「규칙으로서 문법과 사용으로서의 문법」, 『외국어로서의 한국어교육 34』, 연세대학교 언어연구교육원, 227~256쪽.

• 문법 제시를 할 때는 구두 제시와 함께 판서를 한다. 학생이 그 시간의 목표 문법이라는 것을 알게 하고 시각과 청각을 동시에 동원하여 이해를 돕도록 하는 것이다. 판서를 하면서 교사는 입으로 해당 문법을 간단한 어절이나 어구로 반복해 준다.

초급에서는 판서에 품사를 명기하여 N(명사), Vst(동사), AVst(동작동사), DVst(상태동사)로 표기한다. 그리고 고정 부분과 활용 부분을 분명하게 해 주고 조사나 어미 앞에 오는 명사나 동사의 받침 유무에 따라 이형태(異形態)를 표기해 준다. 그러나 고급에서는 줄(-)을 그어 품사를 쓰는 수고를 덜기도 한다.

초급과 고급의 판서 예

초급	고급
본문에 있는 목표 문형을 판서하여 의미와 기능을 보여 준다.	
• 명사 : N 동사 : Vst, 동작동사 : AVst, 상태동사 : DVst	• 품사 표시를 구체적으로 하지 않고 줄(-)만 긋는다.
• 고정 부분과 활용 부분을 분명하게 표기한다. • 조사나 어미의 이형태를 명기한다. 　　N는/은 　　N이/가 아닙니다. 　　　　어 　　Vst아서　　　또는 Vst어(아/여)서 　　　　여	• 대표 조사나 어미를 써서 유형의 골격만 보인다. 　　-어서 　　-는데 　　-ㄹ 텐데요 　　-려면 -어야 하다
• 문장 유형을 종결어미의 형태까지 구체적으로 표기한다. 　　AVst는/(으)ㄴ다고 해요. 　　DVst다고 해요.	• 종결어미의 기본형으로 표기하고, 구두로는 '-ㅂ니다'나 '-어요' 등 회화체를 사용한다. 　　-(는/ㄴ)다고 하다

• 문법 설명은 목표 문법의 특성에 따라 또는 학습자의 수준에 따라 연역적 접근법으로 할 것인지 귀납적 접근법으로 할 것인지 결정한다.

연역적 접근법은 이론 문법을 근거로 하기 때문에 접근하기가 수월하다는 이점이 있다. 한국어 교육에서는 동사의 (불)규칙 활용, 간접 인용문, 종결어미, 인칭 대명사, 숫자, 피동과 사동의 어휘 체계와 같이 형태 활용을 기반으로 하는 것들을 연역적 접근법으로 다루면 효과적이다.

연역적 접근법으로 문법을 제시하고 설명을 할 때는 다음과 같이 규칙을 꼼꼼히 따져서 제시해야 한다.

• 선행 명사의 받침 유무에 따른 조사의 결합(책이/종이가, 책과/친구와)
• 선행 동사의 받침 유무에 따른 어미의 결합(먹습니다/갑니다, 쉽습니다/따뜻합니다,

은행입니다/학교입니다, 먹으니까/가니까)
- 동작동사, 상태동사, 이다동사 등 동사의 종류에 따른 어미의 결합(먹는다고/간다고, 좋다고/예쁘다고, 책이라고/의자라고)
- 모음조화 원칙에서 동사의 선행 모음에 따른 '-어/아/여'의 결합(읽어서/앉아서/하여서)
- 첨가어적 성격에 의해 문법 요소 전후에 붙을 수 있는 요소에 대한 정보
- 자주 쓰이는 문장 유형
- 문장에서 호응 관계
- 오류를 범하기 쉬운 문장 유형

귀납적 접근법은 모국어 습득과 같이 실제 언어를 접함으로써 자연스럽게 규칙을 발견하고 습득하는 방법이다. 문법이라고 하는 언어 체계를 학습자에게 보여 주지 않는다는 것은 이 접근법의 장점이기도 하지만 동시에 단점이기도 하다.

이 접근법의 단점을 보완하기 위해서는 교안을 잘 준비해야 한다. 무엇보다도 예문이 학습을 효율적으로 촉진할 수 있도록 되어 있어야 한다. 학습자가 스스로 해당 문법의 의미와 기능을 발견하기란 쉽지 않다. 수업에서 교사는 학습자의 언어 수준과 문화적인 성향을 고려한 학습자 중심의 교수법으로 수업을 진행해야 한다. 다양한 교수법을 동원하여 순발력을 가지고 수업에 임할 때 수업은 성공할 수 있다.

귀납적 접근법을 사용할 때는 다음에 유의해야 한다.
- 목표 문법에 맞는 어휘와 내용으로 예문을 만든다.
- 목표 문법과 관련 있는 문화를 끌어들인다.
- 학습자의 모국어 문법 지식과 교육 경험이 한국어 문법 규칙을 유추하는 데 영향을 준다는 점을 고려한다.
- 교사가 적절한 예문 제시를 하지 못하였을 때는 시간을 낭비할 수 있다.

절충식 접근법이란 연역적 접근법과 귀납적 접근법을 절충한 것을 말한다. 그런데 이 접근법들은 문법 설명의 전개 과정에서 문법 규칙을 인지하는 것, 교사의 정확한 설명을 듣고 확인하는 것, 규칙을 예문으로 실현하는 것으로 구분할 수 있다.

즉 연역적 접근법과 귀납적 접근법의 차이는 〈규칙 제시 → 문법 설명 → 예문 확인〉을 하거나 〈예문 제시 → 규칙 유추 → 문법 설명〉을 하는 것인데 사실 수업에서는 이들이 절충적으로 이루어져야 효과를 볼 수 있다. 수업을 진행하는 교사는 문법 설명 단계에서 이들 과정이 반드시 필요하다는 것과 과정마다 교사의 세심한 배려가 필요하다는 것을 기억해야 한다.

문법 설명을 할 때 유의할 점[4)]

① 문법 요소의 의미 설명은 한국어 문법 이론에 맞게 한다.

한국어 교육에서 문법 설명을 할 때의 기본적인 태도는 한국어 문법이 가지고 있는 본질에 맞게 하는 것이다. 한국어만이 가지고 있는 첨가어적 성격과 그 밖의 여러 특성을 기초로 해서 설명이 이루어지도록 한다.

> **예** 조사와 어미가 나타내는 기능을 중심으로 해서 문장 구조를 이해하도록 한다. 서술절 중심으로 문장이 이루어지는 것을 기초로 한다.

② 목표 문법이 한국어 문법 체계에서 어떤 위치에 있는지 고려한다.

하나의 문법 요소는 그와 관련된 큰 범주가 있음을 고려하여 종합적이고 거시적인 입장에서 생각한다. 외국인 학습자를 대상으로 하는 교수-학습의 경우 문법 요소의 속성을 문장 단위로 속단하지 말아야 한다.

> **예** "추운데 안으로 들어오세요."를 "추우니까 안으로 들어오세요."와 같다고 해 버리면 학습자들은 '-는데'가 '-니까'와 같다고 생각할 것이다. 같은 맥락에서 "대학을 졸업했는데도 취직을 못했다."를 "대학을 졸업하고도 취직을 못했다."와 같다고 하면 '-는데', '-는데도'의 정의를 제대로 못한 것이 된다. [5)]

③ 문법 설명은 간결하게 요점식으로 한다.

장황한 설명은 오히려 학습자의 이해를 흐리게 하고 초점을 놓치게 할 우려가 있다. 간결성과 관련해서 강조할 것은 용어의 선택이다. 문법 용어는 그 용어 자체가 의미를 담고 있기 때문에 학습자로 하여금 오해를 불러일으킬 가능성이 있다. 예를 들면, 영어의 형용사(adjective)는 서술 능력이 없이 상태만을 형용하면서 명사를 수식한다. 따라서 한국어의 상태동사를 형용사라고 하면 관형어와 혼동한다. [6)]

④ 유사한 문법 요소들과 대조하며 설명한다.

한국어에는 조사와 어미가 많고 이것들은 의미와 기능 면에서 서로 유사점이 많아 학습자들이 늘 혼동한다. 이론 문법에서 같은 문법 범주에 넣었더라도 한국어 교육에서는 결코 같은 범주에 넣어서는 안 된다.

> **예** '-어서/아서', '-(으)니까', '-(으)므로', '-느라고', '-는 바람에' 등의 연결어미를 '이유'를 나타낸다고 하고 한 범주에 넣어 교육해서는 안 된다. 이들은 제약 관계가 다르기도 하지만 각각의 문법 요소

---

4) 백봉자(2001), 「외국어로서의 한국어 교육문법」, 『한국어 교육 12-2』, 국제한국어교육학회, 415~445쪽.
5) '-고도'와 '-는데도'의 다른 점은 백봉자(2013), 「한국어 문법, 어떻게 가르치는가?」, (주)도서출판 하우, 102쪽 참조.
6) 백봉자(2006), 「외국어로서의 한국어 문법 사전」, (주)도서출판 하우, 48~55쪽 참조.

가 나타내는 기본 의미는 아주 다르다. 다만 문장의 상황에 따라 이유를 나타내는 것처럼 보일 때가 있을 뿐이다.

⑤ 학습자 모국어와 대조하여 설명한다.

학습자가 이미 알고 있는 모국어의 문법 지식을 활용할 수 있도록 한다. 그러나 모국어 지식으로 인한 전이 현상이 일어날 수 있으므로 오류를 범하지 않게 장치를 한다.

⑥ 적절한 예문 제시는 문법 설명에 도움이 된다.

예문에 등장하는 어휘와 내용이 목표 문법의 특징을 드러내는 것이면 긴 설명이 필요 없다. 예를 들면 새 문법이 '-면 안 되다'라면 요즘 관심을 가지고 있는 금지, 금기에 대해서 생각해야 할 것이다. "여기서 담배를 피우면 안 된다."든지 "과속을 하면 안 된다."든지 하는 것이 좋은 예문이다.

예문의 길이는 초급에서는 다섯 어절 이내가 적당하고 연결어미가 들어 있는 것이라고 해도 일곱 어절을 넘지 않는 것이 좋다. 수식어가 많아서 문장이 너무 길어지면 문법 이외에 것에 관심을 가져야 하기 때문에 부담이 된다.

1) 문법 요소 설명의 실제

초급에서 문법 요소를 교육할 때는 한국어 교육문법 이론에 기초하여 간단하게 다룬다. 하나의 요소에 여러 개의 의미와 기능이 있어도 가장 기본적인 것만 제시한다.

예1 **-를/을**

> 진호 : 한국에서 무엇을 하세요?
> 리치 : 회사에서 일을 해요.

조사 '-를/을'은 명사와 결합하여 동사의 목적을 나타내는 기능을 하거나 다른 조사나 부사어에 붙어서 보조사의 기능을 한다. 한국어 교육에서는 '-를/을'이 명사와 결합해서 표현 단위를 만든다는 관점보다는 서술절의 동사와 결합해서 어떤 기능을 하는가에 중점을 둔다. 이러한 점을 기초로 하여 연역법과 의사소통 중심 접근법으로 어떻게 다루는지 살펴보자.

연역법을 사용하는 경우

교사는 오늘 공부할 부분을 선택하여 구두로 반복하면서 학생들의 주의를 집중시킨다.

문법 도입

선생 : 무엇을 하세요?/일을 해요.

무엇을 하세요?/일을 해요.

무엇을/일을

'-를/을'은 조사(particle, 助詞)예요. 앞에 명사(noun, 名詞)가 와요.

문법 제시

'N를/을'에 대한 정보가 드러나고 문장 구조가 보이도록 판서한다.

문법 설명

선생 : "무엇을 해요?"라는 문장에서 '무엇을'은 '해요'의 목적어예요. 그래서 이 '-를/을'을 목적격 조사(objective particle, 目的格 助詞)라고 해요. 문장에서 동사의 목적을 나타내요.

'-를/을'은 앞에 꼭 명사(noun, 名詞)가 와요. "밥을 먹습니다." "편지를 씁니다." 그런데 앞 단어의 받침이 있고 없음에 따라 '-을'과 '-를'을 써요. 이것 보세요.

- 'N를/을'이 서술동사에 대한 목적격 조사라는 것은 'N를/을'이 동사와 함께 있어야 의미가 생긴다는 뜻이다. 그러므로 반드시 앞에 명사와 어울리는 동사와 함께 교육을 해야 한다. '음식을, 노래를'이라는 어절만으로는 의미가 없다.
- 'N를/을'은 목적격 조사 이외에 다른 조사를 대치해서 쓰는 경우가 있는데, 이때는 문장 단위로 생각하여 어휘를 교체하면서 이해하도록 한다. 이론 중심으로 생각하고 섣불리 범주화 작업을 하면 혼란을 일으킬 가능성이 있다.

예 수지는 엄마를(←와) 닮았다.
　　나는 아버지를 닮았다.

저녁을 먹으면 게임방을(←으로) 간다.
저녁을 먹으면 산책을(←으로) 간다.

- 이론 문법에서는 목적격 조사 필요 유무에 따라 타동사, 자동사를 구분하지만 한국어 교육에서는 문장 구조의 차이로 본다.

의사소통 중심 접근법을 사용하는 경우

문법 도입·제시

본문을 그대로 사용하여 담화로 접근한다. 교사가 질문하고 학생이 응답하여 문법 요소 교육이 아닌 정보 교환을 목적으로 하는 것처럼 보이게 한다.
본문의 문형으로 학생과 질문 응답을 한다.

> 선 생 : (양양 씨는) 한국에서 무엇을 하세요?
> 학생1 : 일을 해요.
> 선 생 : 리치 씨는 한국에서 무엇을 하세요?
> 학생2 : (저는) 공부를 해요.
> 선 생 : 수미 씨는 한국에서 일을 하세요?
>   유미 씨는 한국에서 공부를 하세요?

문법 유추·설명

처음에 본문을 그대로 활용하여 연습을 했다면 다음에는 'N를/을'에 초점이 맞춰지도록 한다.

> 선 생 : 한국에서 무엇을 하세요? (본문)
> 학생1 : 공부를 해요.
> 선 생 : 무엇을 하세요? (본문에서 유도)
> 학생2 : 일을 해요.

선생 : 저에게 질문해 보세요. 다 같이.

수업의 흐름이 바뀌니까
당황하지 않게 합창하도록 한다.

> 학생 : 무엇을 하세요?
> 선생 : 한국말을 가르쳐요.

학생1 : 무엇을 하세요?

선 생 : 한국말을 가르쳐요.

손짓으로 개인에게 기회를 주어 교사에게 질문하게 한다. 교사는 질문이 진짜인 것처럼 성의껏 대답한다. 다음에는 학생들끼리 질문, 대답을 할 수 있게 유도한다.

학생1 : 무엇을 하세요?

학생2 : 한국말을 공부해요.

같은 문형을 내용을 달리하여 확장한다.

선생 : 무엇을 하세요? (같은 질문. 새 단계로 가기 위한 도입)

학생 : 일을 해요.

선생 : 무엇을 먹어요? 밥을 먹어요? ('밥', '책'은 키워드의 구실)

학생 : 밥을 먹어요.

선생 : 무엇을 사요? 책을 사요?

학생 : 책을 사요.

문법 설명

여기서 '-를/을'에 대한 문법 설명을 할 수 있지만, 의사소통 중심 접근법에서는 그대로 마친다.

문법 확인· 연습

설명 단계가 끝난 후에는 그때까지 학습한 동사를 동원하여 다양한 형태로 연습한다. 초급에서는 설명 단계와 연습 단계의 구분 없이 연습을 집중해서 한다. 외국인 학습자에게 긴 설명을 할 수 없고, 또 해도 알아듣기 어렵기 때문에 오히려 실용적인 문장 연습이 효과적이다.

① 교체 연습 _____을(를) _____
　　　　　　　　 한국말　　　　　　　　　　공부합니다

　응답 연습　가 : 무엇을 가르칩니까?

　　　　　　　나 : (영어) 을(를) _____

② 교체 연습　무슨 _____을(를) 좋아하십니까?
　　　　　　　　　　　　운동

　응답 연습　가 : 무슨 음식을(를) 좋아하십니까?

　　　　　　　나 : (한식) 을(를) 좋아합니다.

③ 교체 연습 _____ 찾으십니까?
　　　　　　　　　뭘
　　　　　　무슨 책을

응답 연습 　가 : (빵가게에서) 뭘 찾으십니까?
　　　　　　나 : <u>(도넛)</u> 을(를) 사고 싶습니다.

예2-1 **- 도**

'-도'는 보조사로서 '또', '역시'의 뜻으로 쓰거나 '사물이나 상태에 무엇을 더함'을 나타낸다. 외국어에도 한국어의 '-도'와 같은 의미를 가진 어휘나 문법 요소들이 있다. 그래서 학생들이 이것을 이해하는 데 별 어려움이 없는 것처럼 보인다. 하지만 한국어만이 가진 보조사의 기능적 특성과 의미를 잘 익혀야 한다.

> 아키코 : 아, 배가 고파요. 라면 있어요?
> 유　미 : 그럼요. 밥도 있어요.
> 아키코 : 그럼 밥을 주세요.

여기서 "밥도 있어요."는 라면도 있고 밥도 있다는 뜻으로 '앞의 사물에 뒤의 것이 함께한다'는 뜻이 된다. 초급에서 보조사로 처음 나왔을 때 설명은 다음과 같이 한다.

문법 도입

아키코 씨 집에는 먹을 것이 많은 것 같아요. 뭐가 있어요? 라면이 있어요. 또요? 네, 밥도 있어요. 라면이 있고 밥도 있어요.

문법 제시·설명

> 라면이 있어요. 밥이 있어요.

선생 : ('라면'에 밑줄을 치면서) "라면이 있어요." 그리고 ('밥'에 밑줄을 치면서) 또 밥이 있어요. 이때 뒤에 있는 '밥' 다음에 '-도'를 씁니다. '-도'는 조사(particle, 助詞)입니다. 그래서 명사(noun, 名詞)하고 같이 써요.

```
라면이 있어요. 밥이 있어요.
        N도
        밥도
```

예를 더 들어준다.

선생 : 냉장고에 뭐가 있어요? 김치, 과일.

　　　냉장고에 김치가 있어요. 과일도 있어요.

　　　양양은 중국 사람입니다. 리치도 중국 사람입니다.

선생 : 브라운 씨는?
　　　　　　　　　　　　　　　　　　　교사가 문장을 만들어 주다가 학생들이
　　　　　　　　　　　　　　　　　　　그 유형으로 문장을 만들 수 있도록 이동해 준다.

　　　브라운 씨는 미국 사람입니다. 스미스 씨도 미국 사람입니다.

　　　스미스 씨는 무엇을 잘 먹어요?　　　　　동사를 바꿔가면서 다양한 문장을 만든다.

　　　스미스 씨는 불고기를 잘 먹습니다. 김치찌개도 잘 먹습니다.

문법 확인

자 그럼 이제 다 같이 해 볼까요?
　　　　　　　　　　　　　　　　　　　　　지금까지 나온 문장을 정리한다.

예2-2 - 도

'-도'는 화자가 표현하지 않았으나 화자와 청자가 이미 알고 있는 것까지 함께 나타내는 경우가 있다. 이때는 문맥을 살펴서 화자가 표현한 것과 또 표현하지 않은 것까지도 청자가 인정했을 때 사용할 수 있다는 점을 강조한다. 이것은 '-도'의 기본 의미와 사용법을 알고 난 후에 다룬다.

> 리치 : 송금을 해야 하는데 은행이 어디 있어요?
> 수지 : 우체국에서 하세요. 길 건너에 우체국이 있어요.
> 리치 : 우체국에서 송금도 할 수 있어요?
> 수지 : 그럼요.

우체국이 편지를 부치는 곳이라는 것을 화자와 청자는 이미 알고 있는 사실이다. 그래서 '우체국에서 송금까지도 할 수 있느냐'고 물어보는 것이므로 수업에서는 문장에 나와 있지 않은 정보를 꺼내 주면서 '-도'의 사용법을 익히도록 한다.

선생 : 우체국은 무엇을 하는 곳이에요? 편지를 부치는 곳이지요? 또? 소포를 부치는 곳
　　　입니다.

그런데 여기서는 이런 말을 하지 않고 '송금도 할 수 있다.'고 했어요. 왜 '송금을 할 수 있
다.'고 하지 않았을까요? 왜 '-도'를 썼을까요?
벌써 말하는 사람과 듣는 사람이 그 사실을 알고 있기 때문이지요.

여기서 '우체국에서는 편지를 부치고'는 말하지 않아도 다 아니까 말을 안 한 것입니다.

　간단한 설명 후에 몇 개의 문장을 예로 든다. 설명 단계에서 교사는 학생이 이해하고 문
장을 생산할 수 있는 정도가 되었는지를 주시하여 문법의 설명과 연습 단계를 구분해서
진행한다.

선생 : 은행은 어떤 곳입니까? 예금을 하는 곳이지요? 그런데 저는 돈을 바꿨어요. 여러분들
　　　몰랐지요?
학생 : 네, 몰랐어요. 은행에서 돈도 바꿔요?
선생 : 그럼요.

선생 : 저는 은행에서 송금도 했어요.
학생 : 은행에서 송금도 해요?
선생 : 그럼요.

선생 : 도서관에서 음악 감상을 했어요.
학생 : 도서관에서 음악 감상도 할 수 있어요?
선생 : 그럼요.

선생 : 요즘 백화점에서 요리를 배워요.
학생 : 요즘 백화점에서 요리도 배울 수 있어요?
선생 : 그럼요.

선생 : 도서관에서 음악 감상을 했어요. 원래는 책을 보는 곳이지요.
학생 : 도서관에서 책도 보고 음악 감상도 할 수 있어요?
선생 : 그럼요.

-ㅂ니다(종결어미)

한국어의 종결어미는 문장의 구성과 문체 그리고 존대법에 영향을 주는 것이기 때문에 외국인 학습자에게는 중요하다. 문장 종결법은 수업 첫날, 첫 시간부터 나오는 것이므로 어떻게 접근하는 것이 한국어를 처음 대하는 학습자들에게 부담을 적게 줄 수 있을지 고민하게 된다.

> 리치 : 어디 갑니까?
> 수지 : 집에 갑니다.

① 선생 : '갑니다'는 '가 +ㅂ니다'예요. 한국어는 동사(verb, 動詞)에 종결어미(ending suffix, 終結語尾)가 붙어요.

> 판서를 할 때는 동사의 어간과 어미를 줄을 맞춰 써서 시각적으로 이해를 돕는다.

받침이 없는 경우를 이해했으면 받침이 있는 단어와 서술형 종결어미 '-습니다'를 제시하고 따라 읽힌다.

선생 : 이 동사들은 모음으로 끝났어요. 여기 받침이 없지요? 그런데 받침(consonant, 子音)으로 끝나는 동사도 있어요. 먹습니다/듣습니다/읽습니다……. 이것들은 '-습니다'를 써요. 이것 보세요.

> 이미 알고 있는 단어를 사용한다.

② 서술형 종결어미 연습이 끝나면 의문형 종결어미 연습을 한다. 교재에 나와 있지 않은 경우라도 같은 시간에 다루는 것이 좋다.

받침 × Vstㅂ니까?　　　받침 ○ Vst습니까?
　　　가　　　　　　　　　　먹
　　　오　　　　　　　　　　읽
　　　자　　　　　　　　　　듣

③ 서술형과 의문형을 함께 다루면서 질문응답으로 확인한다.

갑니까?/갑니다.　　　　　옵니까?/옵니다.
읽습니까?/네, 읽습니다.　　먹습니까?/네, 먹습니다.

④ 명령형은 언어 현실에 맞게 존대형 어미 '-시-'를 넣어서 'Vst(으)십시오.' 형태로 제시한다.

받침 × Vst십시오.　　　받침 ○ Vst으십시오.
　　　가　　　　　　　　　　읽
　　　사　　　　　　　　　　찾
　　노래하
　　기다리

⑤ 청유형 '-(으)ㅂ시다'는 사용 빈도가 떨어지는 형태이므로 가볍게 다룬다.

> **잠깐만**
>
> 한국어에는 '하십시오체', '하게체', '해라체', '해요체', '해체' 등 다섯 등급의 종결 어미 체계가 있다(『한국어 문법 사전』 447쪽 참조). 이 중 어떤 것부터 가르치는 것이 좋을까?
> 불규칙동사의 어미 활용과 음운 변동의 문제 그리고 서술형, 의문형, 명령형, 청유형과 같은 문장의 구분을 고려해서 초기에는 '하십시오체'로 시작하는 것이 좋겠다. 동사의 규칙 활용에 어느 정도 익숙해져서 불규칙 활용에 대한 개념을 받아들일 수 있을 때 '해요체'를 제시하고, 그 후에는 두 체를 병행해서 다룰 것을 권한다.[7]

---

7) 백봉자(1988), 「기초 단계에서의 한국어 교육은 무엇부터 다루는 것이 좋은가?」, 『한글 제 201·202호』, 한글학회, 391~407쪽.

2) 문장 유형(類型) 설명의 실제

한국어의 문장 유형이란 한국인이 자주 사용하는 문장의 형태를 말한다. 한국어의 문장 유형(sentence pattern, 文型)은 조사와 어미를 골격으로 하여 구성된 것이 대부분이다. 외국어로서의 한국어 교육에서는 이 문형을 중심으로 문장 단위의 문법을 다룬다.

예1 **-었(았/였)으면 좋겠다**

수미 : 친정이 궁금해요.
　　　친정에 좀 다녀왔으면 좋겠어요.
요코 : 남편에게 이야기해 봐요. 다녀오라고 하겠지요.

문법 도입

선생 : 여러분, 한국에 온 후에 가족을 못 만났지요? 그래서 가족 생각을 하면 어때요? 보고 싶지요? 만나고 싶지요? 그때는 "만났으면 좋겠어요.", "보았으면 좋겠어요." 이렇게 말하고, 집에 다녀오고 싶으면 "집에 다녀왔으면 좋겠어요." 이렇게 말해요.

문법 제시

> Vst었(았/였)으면 좋겠다.
> 친정에 다녀왔으면

문법 설명

이것은 희망(wish, 希望)을 나타내는 말입니다. 희망하는 것이 있을 때 이렇게 말하면 됩니다. 희망하는 것이 있어요? 뭐예요? 한국말을 잘하는 것? 그러면 어떻게 말해요? 다 같이.

　　　학생 전체 : 한국말을 잘했으면 좋겠습니다.
　　　선　　　생 : 또 희망하는 것이 뭐예요?

　　　학　　　생1 : 100점을 받는 것.
　　　선　　　생 : 100점을 받는 것. 다 같이.
　　　학　　　생 : 100점을 받았으면 좋겠습니다.

판서한 문장을 반복해서 읽고 익힌다.

문장이 어느 정도 익숙해지면, 학생 중에는 아래 두 문장이 어떻게 다른지 설명해 달라고 하는 경우가 있다. 그러나 학생에게서 질문이 안 나오면 그냥 넘어간다. 언어란 분명하게 설명할 수 없는 것, 흔히 직관이라고 하는 '감'에 맡길 수밖에 없는 것이 있다.

① 친정에 좀 다녀왔으면 좋겠어요.
② 친정에 좀 다녀오면 좋겠어요.

①과 ②는 의미가 비슷하지만 똑같지는 않다. 완료 시제 '-았-'이 있는 ①은 동작이 완료된 상태를 희망한다는 뜻이고, ②는 동작의 진행 또는 친정에 다녀오는 상황을 원한다는 의미가 있다. 그러므로 ①은 분명한 동작의 완료까지를 희망하는 것이므로 강한 표현이다.

예2　-(으)려면 -가/이 제일……

> 수지 : 요가를 배우려면 문화센터가 제일 좋아요.
> 요코 : 한 달 수강료가 얼마인데요?
> 수지 : 무료예요. 제가 가르치거든요.
> 요코 : 수지 씨, 그런 재주도 있었어요?

문법 도입

선생 : 요코는 뭘 배우려고 해요? 요가를 배우려고 하지요? 배울 생각이 있지요?(意圖) 요가를 배우려고 생각하면 어디에서 배우는 것이 좋아요?

교사는 '-려고 하다 → 려고 하면'으로 선행 학습한 것을 상기시킨다.

문법 제시

선생 : 요가를 배우려고 하면 어디가 제일 좋다고요? 네, 요가를 배우려면 문화센터가 제일 좋아요.

본문을 계속 이야기해 줌으로써 귀에 익게 한다.

귀납적인 방법을 사용하려면 설명을 하기 전에 어휘 교체를 하면서 문형을 이해하도록 한다.

요가를 배우려면 문화센터가 제일 좋아요.

한국어를 배우려면 이 학교가 제일 좋아요.

요리를 배우려면 요리 학원이 제일 좋아요.

친구와 커피를 마시려면 카페가 제일 좋아요.

조용하게 쉬려면 여행을 가는 것이 제일 좋아요.

이러한 문장 연습을 한 후에 교사의 설명으로 의미를 확인하게 한다.

문법 설명

선생 : '배우려면'은 '배우려고 하다'와 '-면'을 줄인 거예요. '배울 생각을 하다'의 뜻과 '조건'
을 가진 '-면'이 합해진 것이지요. '배울 생각을 하는 조건이면'의 뜻입니다.

> AVst(으)려고 (생각)하다 + -면 → AVst(으)려면
>
> AVst(으)려면 -가/이 제일……

문법 확인

선생 : 한국어를 잘 배우려면 한국에서 배우는 것이 제일 좋겠지요?

학생 : 한국어를 잘 배우려면 한국에서 배우는 것이 제일 좋아요.

선생 : 발음을 잘하려면 어떻게 하는 것이 제일 좋을까요?

편지를 빨리 보내려면 무엇으로 보내는 것이 제일 빠를까요?

한국의 대기업 문화를 살펴보려면 어떤 책을 보는 것이 제일 좋을까요?

> 이 문형은 'AVst(으)려면 -어(아/여)야 하다'의 형태로 더 자주 쓰인다.
> 본문에 있는 것을 다룬 후에는 사용 빈도가 높은 문형으로 확장한다.

선생 : 'AVst(으)려면 -어(아/여)야 하다'는 '어떤 의도(생각)를 가지고 있으면 마땅히(꼭)
이렇게 해야 한다.'의 뜻입니다. 앞 문장이 뒤 문장의 조건이 됩니다.

예3 **-(으)ㄴ/는 걸 보니까   -(으)ㄴ/는/(으)ㄹ 것 같아요**

리치 : 날씨가 흐린 걸 보니까 내일 비가 올 것 같아요.

수지 : 아, 안 돼요. 내일 나 이사해요.

선생 : 날씨가 흐린 것을 보면 어떤 생각이 들어요? 그렇지요. 비가 올 것 같다는 생각을 하
　　　지요.　　　　　　　　　　　　　　　　　앞에 문장을 제시하면서 학생의 대답을 유도한다.

　　　비가 많이 오는 걸 보면 어때요? 홍수가 날 것 같다는 생각을 해요.

선생 : 우리는 어떤 것을 보면 그것이 어떻게 될 것 같다고 생각하지요? 그때 이 문형을 써요.

학습자의 수준에 따라 본문에 나온
문법 요소만을 제시하거나 전체를
다 제시한다.

여기에 '보니까'는 정말 '본다'는 뜻입니다. 정말 날씨가 흐린 것을 보았어요. 그러니까 그
때 '비가 올 것 같다.'는 생각을 하게 된 것입니다. 동작동사를 쓸 수도 있겠지요?

친구가 열심히 공부하는 걸 보면 어떤 생각이 나요? 시험을 잘 볼 것 같다.
친구가 공부하는 것을 내가 보았어요. 그러니까 친구가 시험을 잘 볼 것 같다는 생각이
들었어요.
다 같이 해 보세요. (합창)
그 사람이 웃는 걸 보았어요. 기분이? 기분이 좋은 것 같아요.
그 사람이 웃는 걸 보니까 기분이 좋은 것 같아요.

친구가 열심히 공부하는 걸 보니까 시험을 잘 볼 것 같아요.
친구가 열심히 공부하는 걸 보니까 백 점을 받을 것 같아요.

선생 : 선행절을 만들어서 후행절을 마무리 짓게 한다.

극장 앞에 사람이 많은 걸 보았어요. 극장 앞에 사람이 많은 걸 보니까 영화가 어떤 것 같아요? 재미있는 것 같아요? 네, 극장 앞에 사람이 많은 걸 보니까 영화가 재미있는 것 같아요.

그 사람이 웃는 걸 보니까 어때요? 기분이 좋은 것 같아요?

화를 내는 걸 보니까 어때요? 기분이 나쁜 것 같아요?

잠깐만

이 수준에서는 문법 형태를 모두 다루지 않고 문형의 뜻을 확실하게 익히는 데 목표를 둔다. 그러나 교사는 다음 문장들이 어떻게 다른지 생각해야 한다.

① 열심히 공부하는 걸 보니까 내일 백 점 받을 것 같아요.
② 열심히 공부한 걸 보니까 내일 백 점 받을 것 같아요.
③ 밥을 많이 먹는 것을 보니까 배가 고픈 것 같아요.
④ 밥을 많이 먹은 것을 보니까 배가 고픈 것 같아요. (X)
⑤ 밥을 많이 먹은 것을 보니까 배가 고팠던 것 같아요.

①은 지금 하는 행위를 보고 하는 말이고, ②는 공부한 결과를 보고 하는 말이다. 여기서는 후행절이 같아도 문제가 없다.

그런데 ③은 문제가 없지만 ④는 비문이다. ④는 선행절 시제가 완료형인데 후행절은 상태 동사로서 현재를 나타내고 있기 때문에 비문이 된 것이다. ④는 ⑤처럼 후행절의 시제를 아주 바꾸어야 한다.

3) 담화 설명의 실제

의사소통 입장에서 보면 교사는 가르칠 문법의 대상을 문법 요소나 문장 유형 단위가 아닌 담화 단위에서 찾아야 한다. 이야기 단위로 문법을 처리한다는 것은 담화 구성의 요인들을 모두 포함하여 해석한다는 의미이다. 개별 문법 요소의 개념에 집착하지 않고 이야기의 흐름에 관심을 갖는다. 그러면서도 한편으로는 개별 문법 요소의 의미와 기능을 간과하지 않는다.

언어는 구조적 양상인 형식, 기능적 양상인 담화 그리고 사회 문화적 양상과 화자의 경험적 양상으로 구성되어 있다고 하였다(50~54쪽 참조). 이러한 언어의 자질과 문법 교육의 원리를 생각하면서 다음 예문을 가르쳐 보자.

사주 카페에 한번 가 볼래?

미경 : ㉠ 어휴 속상해.
지나 : 왜? 너 또 남자 친구랑 싸웠구나.
미경 : 취직 안 되는 게 나 때문이야? 별일도 아닌 거 가지고 자꾸 짜증만 내잖아.
지나 : 너희 요즘 자꾸 싸워서 큰일이다. 취직하면 결혼 날짜 잡을 거라더니 성격이 안
　　　맞는 거 아냐?
미경 : 몰라. 심란해서 나도 공부가 안 돼.
지나 : 진짜? ㉡ 그러지 말고 사주 카페에나 한번 가 볼래?
미경 : 사주 카페? 거긴 뭐 하러 가?
지나 : ㉢ 뭐 어때? 너랑 네 남자 친구랑 앞으로 어떻게 될 건지 상담이나 한번 받아
　　　보는 거지.

　　　　　　　　　백봉자 · 최정순 · 지현숙(2006), 「한국언어문화듣기집」, 70쪽, (주)도서출판 하우.

① 본문을 다음과 같이 세 부분으로 나누고 담화 기능을 살핀다.

　㉠ 어휴, …… → 친구랑 싸웠구나.

　　화자가 말한 것을 청자가 이미 공유하고 있는 지식을 통해서 문제를 추정한다.

　㉡ 그러지 말고 …… → 거긴 뭐 하러 가?

　　화제의 전환. 그리고 문제 해결을 위한 제안.

　㉢ 뭐 어때? …… → 받아 보는 거지.

　　장난. 그러나 의미 있는 시도.

② ㉠

미경 : 어휴 속상해.
지나 : 왜? 너 또 남자 친구랑 싸웠구나.

- 언어적으로 학습자가 이해하기 어려운 것이 없는지 살핀다. 새 단어와 새 문법을
  살펴서 설명하고 연습한다.
- 이 대화는 두 사람 사이에 사전 공유 지식이 있어서 "어휴 속상해."라는 한 마디만
  으로도 청자가 많은 것을 짐작할 수 있음을 알게 한다. 그리고 화자와 청자의 관계
  와 친분이 대화 내용을 결정한다는 사실에 주목하고 배경 상황으로서의 맥락을 통
  해서 유사한 담화를 만드는 단계로 발전한다.

• 교사는 다음 예를 들면서 한국 문화와 담화의 기능을 접목시킨다.

시어머니와 갈등 관계에 있는 며느리들 사이에서의 대화

며느리 1 : 어휴 속상해.

며느리 2 : 왜? 너 또 시어머니한테서 꾸중 들었구나.

공부에 시달리는 아이들 사이에서의 대화

아이 1 : 어휴 속상해.

아이 2 : 왜? 너 또 엄마한테 야단맞았구나.

아이 1 : 우리 엄마는 공부만 하라고 해.

주식 투자를 좋아하는 남편과 아내의 대화

남 편 : 어휴 속상해.

아 내 : 왜? 당신 또 돈 잃었군요.

ⓛ

지나 : 그러지 말고 사주 카페에나 한번 가 볼래?

미경 : 사주 카페? 거긴 뭐 하러 가?

선생 : '그러지 말고'는 '이것저것 하지 말고', '거두절미(去頭截尾)하고'의 의미를 가진 말(부사구)이에요.

"사주 카페? 거긴 뭐 하러 가?"는 강한 부정을 나타내는 말입니다. 그러니까 공손하지 않은 표현입니다. 윗사람에게는 이런 말을 하면 안 돼요. 예를 들어 보세요.

선생 : 재래시장과 백화점에 대해서 생각이 다른 부부의 대화입니다.

아내 : 재래시장에 좀 갔다 올게요.

남편 : 재래시장? 거긴 뭐 하러 가?

아내 : 백화점 물건은 너무 비싸서 못 사겠어요.

선생 : 붕어빵은 어때요? 누가 이야기해 보세요.

아내 : 붕어빵 좀 삽시다.

남편 : 붕어빵? 그건 뭐 하러 사? 좀 전에 밥 먹었는데.

아내 : 나는 먹고 싶어요.

선생 : 결혼 상대자에 대한 엄마와 딸의 대화를 해 보세요.

엄마 : 그 사람을 한번 더 만나 봐라.

딸 : 그 사람? 그 사람/남자/아이/놈(비하하는 의미)은 뭐 하러 만나? 나는 싫은데.

ⓒ

> 지나 : 사주 카페에나 한번 가 볼래?
>
> 미경 : 사주 카페? 거긴 뭐 하러 가?
>
> 지나 : 뭐 어때? 너랑 네 남자 친구랑 앞으로 어떻게 될 건지 상담이나 한번 받아 보는
> 거지.

선생 : '뭐 어때? –나 해 보는 거지.'는 앞에서 말한 사실들을 화자는 별로 심각하게 받아 들이지 않고 장난삼아 그냥 한번 해 보는 정도로 생각한다는 뜻입니다. 되면 좋고 안 되면 말고 식의 좀 나쁜 마음(심보)에서 나온 말입니다. 심각한 일도 가볍게 생각하고 처리하는 요즘 젊은이들의 특별한 기분을 이 문장이 담고 있습니다.

선생 : 으형 씨는 고향에 돈을 부쳐야 해요. 그런데 돈이 없어요. 이때 이런 대화를 할 수 있어요. 해 보세요.

돈 때문에 심란해서 일이 안 돼.

그러지 말고 사장실에 올라가 보자.

사장실? 거긴 뭐 하러 가?

뭐 어때? 사장한테 이야기나 해 보는 거지.

선생 : 여자 친구한테서 전화가 안 와서 답답해하는 남자에게 술 마시고 그 집에 가서 큰 소리를 치자고 하는 경우의 대화를 해 보세요. 다음과 같은 말이 나오게 하세요.

뭐 어때? 싫다면 헤어지는 거지.

선생 : 월급을 못 받는 아르바이트생이 사장에게 돈 안 주면 그만두겠다고 말하라고 하는 경우에 다음과 같은 말이 나오게 하세요.

뭐 어때? 그만두고 다른 아르바이트를 찾아보는 거지.

예2

담화는 한 개 이상의 문장으로 구성된 언어 형식이면서 기능적으로는 화자와 청자가

의사소통을 목적으로 생산하는 단위다. 몇 개의 문장이 일관성을 가지고 잘 짜인 텍스트가 되기 위해서는 문장 사이의 연결이 필요한데 그 연결은 우리가 대화에서 흔히 경험하는 것들로서 텍스트가 되는 조건이 된다.

좋은 담화를 구성하는 기본 조건 중 하나인 응집성은 말을 줄이는 생략(ellipsis), 대명사나 구절로 교체 사용하는 대용(substitution), 다음 문장과 관계를 지어 주는 접속(conjunction), 동의어, 하위어와 같은 어휘적 응집(lexical cohesion)으로 설명하고 있다.

담화에서 생략은 내용 생략이 주를 이룬다. 수업에서는 생략으로 동원되는 형태와 내용을 자세히 설명하고 비슷한 유형의 담화 연습을 해야 한다.

> 과장 : 리치 씨, ① 휴가 신청을 했다면서요?
> 리치 : ② 제가요? 저는 그런 일 없는데요.
> 과장 : 그럼 누가 신청했지?

① 선생 : 회사에서 과장이 모르고 있는 일을 다른 사람이 먼저 알고 있으면 기분이 어떨까요?

아들이 어떤 여자와 사귀고 있는 것을 엄마가 다른 사람에게서 들으면 기분이 어떨까요?

이 대화의 첫 문장은 자기가 어떤 일의 주인공이 되어야 하는데 그렇지 않았을 때 섭섭함을 나타내는 말입니다. 과장은 자기 직원이 내일 휴가 신청한 것을 어떻게 알았어요? 맞아요. 다른 사람에게서 들었어요.

'-면서'는 앞에 동작과 뒤의 동작이 동시에 일어날 때 쓰는 말이지요? "운전하면서 음악을 듣는다."에서처럼요. '-다면서'는 '-다고 하면서'의 준말이지요? '그렇게 말하면서'의 뜻입니다. 그리고 뒤(후행절)에는 '어떤 행동을 했다.' 이런 말이 와요. 여기서는 뒤의 말을 생략하고 '요'를 쓴 것입니다.

그러면 여기 '-다면서' 다음에 어떤 말이 와야 할까요? 이 문장이 의문문이니까 찬성하거나 동의하는 뜻이 아니고 항의하는 뜻이 되겠지요?

> 내일 휴가 신청을 했다고 하면서
> 내일 휴가 신청을 했다고 하면서 왜 나에게는 말하지 않았어요?

이렇게 항의하는 말이 옵니다. 과장님은 리치 씨 일에 대해서 먼저 알고 있어야 하는 상사(윗사람)인데 이것을 모르고 있으니까 항의하는 것입니다.

선생 : 교실에서 담배를 피웠는데 나에게 숨겼다는 말을 들었어요. 그럼 뭐라고 해요?
학생 : 교실에서 담배를 피웠다면서요?
선생 : 한국 친구가 숙제를 해 주었다는 말을 들었어요.
학생 : 한국 친구가 숙제를 해 주었다면서요?

선생 : 그럼 이번에는 내가 말할 수 있게 상황을 만들어 보세요.

상황을 만들 수 있으면 완전히 이해한 것으로 간주한다.

학생 : 학생들끼리 모여서 저녁을 먹었다는 말을 들었어요.
선생 : 학생들끼리 모여서 저녁을 먹었다면서요?

② 선생 : "제가요?"는 "제가 휴가 신청을 했다고요?"에서 뒷말을 다 생략한 것입니다. 여기서는 "제가요?"라고 했지만 친구 사이면 어떻게 해요? 그렇지요. "내가요?", "내가?" 질문에 따라서 문장의 주어를 쓰기도 하고 목적어나 부사어를 쓰기도 합니다.
그러면 "저는 그런 일 없는데요."도 뒤 문장이 생략된 것이겠지요? 완전한 문장을 만들어 보세요.
"저는 그런 일 없는데 왜 그렇게 말합니까?"
"저는 휴가 신청을 한 일이 없는데 왜 그렇게 말합니까?"

과장 : 리치 씨, 휴가 신청을 했다면서요?
리치 : 제가 (휴가 신청을 했다고)요? 저는 그런 일 없는데 (왜 그렇게 말합니까?)
과장 : 그럼 누가 신청했지?

선생 : 본문은 과장님이 리치에게 약간 화가 나서 이야기를 시작했는데 과장님이 오해를 한 것을 알고 미안해하는 분위기입니다. "그럼 누가 신청했지?"는 미안해서 혼잣말로 하는 것입니다. 이런 이야기를 만들어 볼까요? 제가 오해를 한 사람입니다. 여러분들이 대답해 보세요.

선 생 : 교실에서 담배를 피웠다면서요?
학생1 : 제가요? 저는 그런 일 없는데요.

선생 : 그럼 누가 담배를 피웠지?

선생 : 여러분들, 시험 볼 때 옆 사람 것을 보고 썼다면서요?
학생 : 우리가요? 우리는 그런 일 없는데요.
선생 : 그럼 어느 반 학생들이 보고 썼지?

예3

일반적으로 담화 기능에 영향을 주는 요소로 장면, 참여자의 태도, 참여자 간의 관계, 담화의 목적과 결과, 음성 메시지일 때 억양, 글일 때 형식과 장르를 들고 있다.

하나의 담화에는 목적이 있기 마련이다. 담화 참여자는 그 목적을 위해서 담화의 효과를 극대화할 수 있는 방법을 생각한다. 이것은 담화 참여자가 담화를 효과적으로 만드는 수단이 되기도 하는데 거절, 제안, 동의, 명령과 같은 담화의 목적을 담화의 여러 요소를 가지고 조절하는 것으로 가능하다.

담화가 이렇게 여러 가지 요소로부터 영향을 받기 때문에 한국어 수업에서는 담화를 맥락 중심의 표현 단위로 다루어야 학습자가 그 의미를 익힐 수 있다. 그래서 형태 교육과 함께 문맥 상황과 사회 문화 양상을 파악하게 하는 훈련이 필요한 것이다.

손 님 : 여기요, 여기 좀 보세요.
종업원 : 네, 잠깐만요. 곧 갑니다.
       뭘 도와드릴까요?
손 님 : 여기 물 좀 주시고 주문도 받으세요.

선생 : 여기는 어디예요? 손님은 언제 이 식당에 온 것 같아요?
       손님은 종업원이 테이블에 오기를 기다린 것 같아요?
선생 : 어떤 말을 보면 기다렸다는 생각을 할 수 있어요?
       "여기요, 여기 좀 보세요."라고 강하게 불렀다, 종업원이 서둘러 대답한다 등.
       "여기 물 좀 주시고 주문도 받으세요."라고
       두 가지 요구를 함께 하고 있다, 손님이 약
       간 화가 난 것 같다 등.
선생 : 종업원이 "네, 잠깐만요. 곧 갑니다."라고 했
       는데 이것은 급히 서두르는 느낌이 들지요?
       손님의 기분을 맞추려는 뜻이 있어요.

전체 내용 이해를 위해서
분위기를 파악할 수 있는
질문을 한다.

이 문장은 현재 진행 시제로 종업원이 손님의 요구에 곧 응하고 있음을 나타내고 있다. 종업원은 기다리는 손님의 기분에 공감하고 동조하면서 기분을 맞추기에 급급하다. 짧은 문장이지만 담화의 목적이 뚜렷하고 담화를 효과적으로 표현한 문장이다.
담화 이해가 되었으면 상황을 주고 맥락 중심 표현 단위로 다룬다.

선생 : 다음 상황에 맞는 대화를 짝과 해 보세요.

      슈퍼에서 종업원의 도움이 필요한 경우

      비행기에서 승무원을 부르는 경우

      남편이 아내에게 빨리 밥을 달라고 하는 경우

예4

> 회장 : 첸 씨, 지난 모임에 가지고 온 중국 요리 아주 인기가 좋았어요.
> 첸   : 그래요?
> 회장 : 네, 모두들 잘 잡수시더군요.
>   이번 박람회에서도 그런 요리는 인기가 있을 텐데.
> 첸   : 그럼 제가 해 올까요?

선생 : 회장이 "중국 요리 아주 인기가 좋았어요."라고 하는 이유는 뭐예요?

학생 : 첫째는 정말 그 요리가 아주 인기가 있었어요.

선생 : 또 다른 뜻이 있어요?

학생 : 이번 박람회에도 그 요리를 했으면 좋겠어요.

선생 : "이번 박람회에서도 그런 요리는 인기가 있을 텐데."라고 회장이 말한 이유는 무엇입니까?

학생 : '첸 씨에게 그 요리를 또 해 오라'고 하는 말입니다.

선생 : 이 대화(담화)는 "그 중국 요리를 또 만듭시다."라고 하는 말을 간접적으로 하는 말입니다. 왜 직접적인 말을 하지 않고 이렇게 말을 할까요?

학생 : 회장이 미안해서 직접 제안하지 못했다, 첸 씨가 스스로 하는 형식을 취하고 싶어서 등.

결혼식 축가를 부탁하는 경우의 대화를 만들어 보세요.

친구 : 결혼식 준비는 잘 되어 가?

신랑 : 응, 그런데 축가 부를 사람을 못 정했어.

친구 : 그래? 내가 좀 더 노래를 잘하면 할 텐데.

신랑 : 나는 너 정도면 대만족인데.

> 표면적인 칭찬과 함께 요청의 의미가 숨어 있는 담화를 만들어 보게 한다.

언니에게 김치를 부탁하는 말을 만들어 보세요.

동생 : 언니네 김치는 참 맛있어. 사 먹는 김치는 맛이 없더라.

　　　 언니, 김치 언제 또 담가?

예5

담화는 사회 문화 공동체에서 나온 지식과 정서를 바탕으로 하여 이루어진다. 한국에서는 가족 간이나 또는 선후배 사이에 일정한 자존심과 기대치가 있다. 이에 대한 지식이 있어야 대화가 이루어질 수 있는 경우가 있다. 다음 예를 어떻게 가르칠지 생각해 보자. 먼저 전체 내용을 이해하게 한다.

> 형　　 : 너 용돈 필요하지? 자, 이거 써.
> 동생 : 용돈? 형도 요즘 힘들 텐데.
> 형　　 : 응, 그래도 내가 네 형이잖아.

선생 : 여러분, 형이나 언니에게서 용돈 받은 일 있어요?

　　　 그때 형은 돈이 많아서 준 것이 아니지요?

　　　 돈이 많지 않은데도 주니까 기분이 어땠어요?

　　　 형은 여러분에게 어떤 사람이에요?

　　　 형은 여러분을 어떻게 생각해요?

> 형이나 언니가 없는 사람이라면 친척으로 교체하여 스키마를 활성화한다.

> 부모와 자식, 할아버지와 손자, 형과 동생, 남편과 아내, 선배와 후배의 정에 대한 배경 텍스트의 지식을 갖도록 한다. 한국인의 가족 사랑과 형이 동생을 생각하는 마음을 예를 들어 이해하게 한다.

> 요구하지 않는데도 상대의 형편을 이해하고 선심 쓰는 경우를 생각하게 한다. 이것은 상황을 이해하는 과정이다.

선생 : 동생이 내 아이스크림 먹고 싶어 하는 것을 보고 뭐라고 해요?

학생 : 너 아이스크림 먹고 싶지? 자, 이거 먹어.

선생 : 숙제가 어려워서 쩔쩔매는 후배를 보면 어떻게 해요?

학생 : 숙제가 어렵지? 이리 와. 내가 도와줄게.

선생 : 여기서 '그래도'는 화자와 청자가 이미 알고 있거나 인정하고 있는 사실을 의미합니다.

　　　 한국 사람이라면 '형', '친구', '남편'에 대해서 다음과 같은 생각을 가지고 있습니다.

형은 능력이 있어서 돈을 잘 번다. 돈이 많아 동생에게 줄 수도 있다.
친구는 힘이 들어도 친구를 돕는다. 의리가 있다.
남편은 아내를 위해서 희생한다. 가족을 위해서 돈을 쓴다.

교사는 다음과 같은 대화를 적어서 주고 비슷한 예를 만들어 보게 한다.

후배 : 지난번에도 선배님이 술값을 내셨어요. 오늘 저녁은 제가 내야 하는데.
선배 : 괜찮아. 내가 내야지. 그래도 내가 선배잖아.

그렇게 잘난 선배는 아니어도

친구1 : 나 때문에 사장님한테 야단을 맞았지.
친구2 : 그래도 내가 네 친구잖아.

별로 힘은 없어도

아내 : 여보, 오늘 제 고향 친구 때문에 고생했어요. 고마워요.
남편 : 뭘, 그래도 내가 당신 남편이잖아.

여러 가지로 부족해도

4) 관용구, 속담 설명의 실제

관용구

관용구는 둘 이상의 단어와 문법 요소가 어울려 있으면서 그 단어나 문법 요소의 의미와는 다른, 이면의 의미를 가진 구문을 말한다. 관용구는 언어의 보편성과 인간의 정서에 의해서 생기는 것이 있는가 하면, 한국어와 한국인의 특성에 의해서 생기는 것도 있다. 관용구는 분석하지 않고 단위 표현을 그대로 교육한다.

예1 눈이 높다

데릭 : 미경 씨는 어떤 사람이 좋은데요?
미경 : 키 크고 직업 좋고, 물론 성격도 좋아야 하지요.
데릭 : 키 크고 직업 좋고, 성격까지 좋아야 한다고요?
     미경 씨, 눈이 너무 높은 거 아니에요?
미경 : 네? 제가 눈이 높다고요?

백봉자 · 최정순 · 지현숙(2006), 『한국언어문화듣기집』, (주)도서출판 하우.

언어의 형태 설명을 한다. 새로 나온 어휘와 문법을 설명함으로써 형태를 이해하게 한다. 관용구를 가르치는 것이 목적이므로 지나치게 분석하지 않는다.

선생 : '눈이 높다'는 말은 '눈높이'에서 나온 말입니다.

　어떤 것을 측량할 때는 지평(땅, 地平)으로부터 재는데, 그때 '재는 사람의 눈높이가 높다'는 뜻입니다.

선생 : '눈이 높다'는 '무엇이나 좋은 것을 가지고 싶어 한다(탐낸다)'는 뜻입니다. 특히 눈이 높아서 결혼을 못하는 여자들에게 자주 쓰는데, 이 말을 들은 여자는 기분이 나쁠 수도 있습니다.

단어와 문법 이해가 되면 관용구를 설명한다. 언어의 표면 의미에서 어떻게 발전하였는지에 초점을 두고 언어적·문화적 뿌리를 이해하게 한다.

선생 : 본문에서 미경 씨는 어떤 남자를 고르고 있어요?

　키 크고 직업 좋고, 성격도 좋은 남자가 있어요?

　미경 씨는 어떤 신부감인 것 같아요?

　미경 씨가 아주 좋은 신랑감을 구하는 것이 왜 눈이 높은 것이지요?

본문의 내용을 이해하면 다양한 상황으로 예를 들어 본다.

선생 : 눈이 높은 사람은 어떤 여자/남자 친구를 사귀려고 할까요?

　눈이 높은 사람은 어떤 물건을 살까요?

　우리 중에 눈이 높은 사람은 누구입니까?

　눈이 높은 사람은 언제 눈높이를 낮추게 돼요?

　'가지고 싶은 물건', '자기 집', '남자 친구', '여자 친구', '자동차의 조건'에 대해서 짝과 이야기해 보세요.

비슷한 관용구를 비교하고 확장한다.

학습자 모국어에 있는 비슷한 어구를 발표하고 대조하게 한다.

선생 : '눈이 높다'와 '코가 높다'는 어떻게 달라요?

'눈이 높다'는 '눈높이가 높다'는 뜻이라고 했지요? 그래서 높은 것을 기준으로 해서 보니까 좋은 것을 가지고 싶어 하겠지요?

'코가 높다'는 여러분들 코를 높이려면 코를 쳐들어야 하겠지요? 이렇게 코를 쳐들면 잘난 것처럼 보이지요. 그래서 이것은 '자존심이 높다'는 뜻이에요.

다 같이 해 보세요. '코가 높아요.', '코가 높은 사람', '코가 높은 여자'.

이 말을 더 강하게 쓰려면 '콧대가 높다'고 해요. 한국에서는 남자에 대해서는 이 말을 잘 안 썼어요. 남존여비사상 때문이지요. 남자는 으레 코가 높아야 한다고 생각했으니까요.

여러분 나라에도 '눈이 높다'나 '코가 높다' 같은 말이 있어요? 어떤 때 써요? 한국의 경우와 어떻게 달라요?

예2 ## 한국 사람은 너 나 할 것 없이 성격이 급해요

문법 제시·설명

선생 : '너 나 할 것 없이'는 '너와 나를 구분할 필요가 없이, 모든 사람이 다'의 뜻입니다. 그러니까 이 문장은 "한국 사람들은 너와 나를 구별할 것 없이 모두 성격이 급하다."라는 뜻입니다. 그러면 이 문장은 누가 한 말이겠어요? 그렇지요. 한국 사람이 한 말이지요. 외국 사람이라면 '너와 나'에 자신이 포함될 수 없기 때문에 쓸 수 없지요. 그리고 이 말은 '너'라는 말이 들어 있기 때문에 윗사람에게는 쓰지 않습니다. 다만 일반적인 경우에는 괜찮아요.

문법 확인

> 선 생 : 일본 사람들은 무슨 일을 하든지 끝까지 꼼꼼하게 해요?
> 아야코 : 네, 일본 사람들은 너 나 할 것 없이 끝까지 꼼꼼하게 일을 해요.
>
> 선 생 : 양양 씨, 기숙사 학생들은 규칙을 잘 지켜요?
> 양 양 : 우리 기숙사 학생들은 너 나 할 것 없이 규칙을 잘 지켜요.

선생 : 그런데 저와 여러분이 같이 쓸 수 있는 말은 무엇일까요? 여러분과 저의 공통점 (共通點)을 찾아야 말할 수 있겠지요? 그렇지요. '사람들은 너 나 할 것 없이……', '우리는 너 나 할 것 없이……' 이렇게 하면 됩니다. 자, 해 보세요.

사람들은 너 나 할 것 없이 귀찮은 일은 싫어합니다.
사람들은 너 나 할 것 없이 주는 것보다는 받는 것을 좋아합니다.
우리는 너 나 할 것 없이 귀찮은 일은 싫어합니다.
우리는 너 나 할 것 없이 주는 것보다는 받는 것을 좋아합니다.

문법 확장

선생 : 우리는 지금까지 사람에 대해서 말했어요. 그런데 사람과 물건을 가리지 않고 쓸 수 있는 말이 있어요.

_____(이)나 _____(이)나 할 것 없이

요즘은 아파트나 단독 주택이나 할 것 없이 팔리지 않아요.
국산이나 외제나 할 것 없이 값이 다 오르고 있다.

그 밖에 다음 관용구도 제시한다.
　누구누구 할 것 없이
　남녀노소 할 것 없이
　춘하추동 할 것 없이

예3 **말이 되다**

아내 : 자동차 가져왔으니까 술은 마시지 마세요.
남편 : 내 면허증 빌려 줄 테니 운전은 당신이 해요.
아내 : 그게 말이 돼요?

선생 : '말이 되다'는 '말이 이치(理致)에 맞다, 자연의 법칙(法則)에 맞는다'는 뜻입니다. 그래서 이 말은 오히려 '말이 안 되다'를 많이 써요.

여기서 아내의 말은 말이 된다는 이야기예요? 안 된다는 이야기예요? 그렇지요. "그것은 말이 안 돼요. 말이 안 되는 이야기"의 뜻입니다. '말이 돼요.'를 의문문으로 했기 때문에 '말이 안 된다'는 의미가 되었습니다. 아주 강한 표현이 되었어요. 운전할 줄 모르는 아내에게 운전 면허증을 빌려 준다고 해서 운전할 수 있는 것은 아니지요. 또 운전 면허증은 빌려 줄 수 있는 것이 아니지요.

다 같이 해 보세요.
그게 말이 돼요?
그건 말이 안 됩니다./그건 말이 안 돼요.

> 학생이 자유롭게 이야기하도록 유도한다.

문법 확인

선생 : 그럼 말이 안 되는 이야기를 해 볼까요?
게임하느라고 숙제를 못 했다는 게 말이 돼요? 안 되지요.
신입 사원에게 모든 책임을 돌린다는 게 말이 돼요? 안 되지요.
빌려 간 돈을 오늘 주겠다고 약속하고 이제 와서 못 주겠다는 게 말이 돼요?

문법 확장

> 형태나 의미가 비슷한 것을 소개하여 심화하고 확장한다.

'말이 아니다'
요즘 경제가 말이 아니다.
집안 형편이 말이 아니다.
건강이 말이 아니다.
얼굴이 말이 아니다.

속담

속담은 한국인의 지혜가 응축되어 널리 구전되는 격언 또는 속언이다(『동아새국어사전』). 한국 속담은 그 수가 많고 내용이 풍부하여 잘 사용하면 한국어의 맛을 살릴 수 있는 말이 된다. 그러나 외국인 학습자는 한국인 특유의 문화를 이해해야만 속담을 배울 수 있다는 데 어려움이 있다.

속담은 그 사회를 대변한다. 그래서 옛날에 만들어진 속담 중에는 현대인들에게 맞지 않는 것이 많다. 현대인의 생각과 사회의 흐름을 대변하는 속담을 선택해서 교수해야 활용 빈도를 높일 수 있다.

예4 **배보다 배꼽이 더 크다**

문법 제시·설명

선생 : 여러분은 배가 있어요? 어디 있어요? 배꼽도 있어요? 배가 커요? 배꼽이 더 커요? 그렇지요. 배가 더 크지요. 그런데 배꼽이 배보다 더 크다고 하니까 맞지 않지요?
이 말은 '중요하지 않은 것이 중요한 것보다 더 많거나 비싼 것'을 말합니다.
이것이 오천 원짜리 필통이에요. 친구 생일 선물로 주려고 샀어요. 그런데 포장하려니까 만 원을 달라고 해요. 이럴 때 "배보다 배꼽이 더 크군요." 이렇게 말해요. 대개 돈에 대해서 써요. 택배비나 우편 요금 같은 데 씁니다.
다 같이 해 보세요. "배보다 배꼽이 더 크다."

> 속담이 나온 한국의 역사적 · 사회 문화적 배경을 중심으로 설명한다. 수업에서는 설명을 될 수 있는 대로 간결하게 하지만 교사는 이에 대한 충분한 지식을 가지고 있어야 한다.

> 문맥 안에서 속담을 어떻게 쓰는지 보여 주고 실제로 사용법을 익히게 한다.

선생 : 친구에게 만 원짜리 선물을 보내려고 하는데 택배비가 2만 원이래요. 그럴 때는 이렇게 말해요.
"택배비가 그렇게 비싸요? 배보다 배꼽이 더 크군요."
선생 : 그런데 속담은 인용하는 말이니까 간접화법을 써서 이렇게 표현해요.

-(는/ㄴ)다/라더니
-(는/ㄴ)다/라고 하더니

배보다 배꼽이 더 크다더니 택배비가 그렇게 비싸요?
배보다 배꼽이 더 크다고 하더니 선물보다 포장비가 비싸군요.

짝과 함께 다음의 경우로 이야기를 해 보세요.

> 물건값보다 특급 우송료(DHL)가 비싼 경우
> 화초보다 화분이 비싼 경우
> 그림보다 액자가 비싼 경우
> 옷값보다 넥타이 값이 비싼 경우

문법 확장

여러분 나라에도 이런 말이 있어요?

> 학습자의 모국어와 대조하며
> 어떻게 다른지 이야기한다.

예5 개구리 올챙이 적 생각 못한다

> 개구리와 올챙이 그림을 보이면서 진행한다.

문법 제시

선생 : 이것이 뭐예요?

개구리는 머리가 있고 다리도 있어요.

올챙이는 어때요? 다리가 없지요. 그러나 올챙이가 자라면 개구리가 됩니다. 다 같이
개구리, 개구리, 올챙이, 올챙이……

'적'은 '때'와 같은 말입니다. 옛날에는 이 말을 자주 썼어요.

어릴 때를 어릴 적, 옛날을 옛적이라고 하고,

일할 적에는……, 내가 젊었을 적에……

'여행한 적이 있다/없다와 같이 '-(으)ㄴ 일이 있다/없다'의 대신으로도 씁니다.

문법 설명

선생 : 이 말은 개구리가 올챙이를 흉보고 비난하는 말을 듣고, 사람이 하는 말이에요. 개구
리가 올챙이를 보고 "너는 다리도 없구나, 헤엄을 이상하게 치는구나." 하고 흉을 보는
말을 듣고 사람이 하는 말이지요.

개구리가 큰 다음에는 자기가 어렸을 때, 즉 올챙이였을 때 생각을 못한다는 뜻입니다.
'에이 바보같이……' 하고 개구리가 흉보면, 그것을 보고 사람이 개구리를 비난하는 말
입니다. 그러니까 이 말을 할 때는 세 사람이 필요해요.

다 같이 해 보세요.

"개구리 올챙이 적 생각 못한다."

우리도 이럴 때가 있지요? 어떤 때예요?

한국에 처음 와서 한국말을 못하는 사람을 보았을 때 "바보. 그런 것도 모르고."

이렇게 생각하기 쉬워요. 그럴 때 뭐라고 해요?

"개구리 올챙이 적 생각 못하는군. 전에는 너도 그랬어."

"개구리 올챙이 적 생각 못한다더니 옛날 생각 잊어버렸어요?"

문법 확인

선생 : 이번에는 여러분끼리 해 보세요. 세 사람이 한 팀이 되는 겁니다.

앞차 운전자가 운전을 못하는 경우

학생1 : (서툰 운전 솜씨)

학생2 : 왜 저렇게 쩔쩔매는 거야? 완전 초보군!

학생3 : 개구리 올챙이 적 생각 못한다더니 운전 시작했을 때를 생각해 보세요.

한국말을 잘 못하는 경우

공장에서 일이 서툰 사람을 보고 불평하는 경우

문법 확장

선생 : 여러분 나라에도 이와 비슷한 속담이 있으면 말해 보세요. 이 속담과 어떻게 다릅니까?

예6 **꿩 먹고 알 먹는다**

문법 제시

선생 : (꿩 사진을 보여 주며) 옛날에는 산에 꿩이 많았어요. 그래서 꿩고기를 많이 먹었어요. 설 같은 명절에는 꿩으로 만두도 해 먹었어요. 이 문장에서 알은 무슨 알일까요? 맞아요. 꿩 알이지요.

문법 설명

선생 : 꿩고기를 먹으려고 꿩을 잡았는데 꿩에 알이 들어 있었어요. 그래서 꿩고기도 먹고 생각하지 않은 알까지 먹게 된 것이지요. 한 가지 일을 했는데 두 가지 이득을 볼 때 쓰는 말입니다.

다 같이 해 보세요. "꿩 먹고 알 먹는다."

선생 : 다음 예를 보면 어떻게 사용하는지 알 수 있지요.

여러분, 관광 안내 아르바이트해 볼 마음 있어요? 돈도 벌고 여행도 하고. '꿩 먹고 알 먹고.' 하는 것인데.

김 차장님은 부장이 되셨대요. 그런데 금년 우수 사원으로도 뽑혔대요. 그럴 때 사람들이 이렇게 말해요. "꿩 먹고 알 먹는다더니 김 과장이 혼자서 다 먹는군요." 또 어떤 예가 있을까 생각해 보세요.

이렇게 한 가지 일을 하고 두 가지 득을 보는 말은 한자어로도 있어요.

일석이조(一石二鳥), 일거양득(一擧兩得)도 다 같은 말입니다.

05 문형 연습 단계

과정	단계	내용
전개	④ 문법의 설명 단계	• 제시 – 구두 제시와 판서
		• 설명 – 교사의 설명과 학습자의 유추
		• 확인 – 학습자의 이해 정도를 확인
	⑤ 문형 연습 단계	• 문형 중심, 문장 중심 연습 • 의사소통 능력 배양을 위한 반복 연습 • 담화 체계 중심, 표현 중심의 유의미적 연습
		• 분석적인 연습 체계
		• 교육을 위해 계획된 활동 • 현장과 유사한 교실 활동 • 한국인과 한국 문화를 접했을 때 충격 최소화 목적의 활동 • 학습자 간의 상호작용과 능동적 참여 유도

생각해 봅시다

❶ 문형 연습은 어떤 이론에 근거를 두고 있는가?
❷ 문형 연습의 목적은 무엇인가?
❸ 문형 연습이 기계적인 연습이 되지 않게 하려면 어떻게 해야 할까?
❹ 문형 연습은 효율적인 교수 방법이 될 수 있을까?
❺ 담화 상황을 고려한 연습은 어떻게 해야 할까?

1) 문형 연습의 원리

문법 설명 단계에서 학습자는 교사가 주도하는 문법 설명을 듣는다. 이 단계는 학습자가 문법을 이해하고 지식을 명료화하여 새로 접하는 문법을 이해하는 수준에 이르게 한다. 그러나 문법을 이해했다고 해서 곧바로 표현을 할 수 있는 것은 아니다. 표현을 하려면 이해하고 있는 지식을 자기 것으로 내면화하고 자동화할 수 있는 훈련이 필요하다. 내면화를 위해서는 시간이 필요하고 자동화를 위해서는 실용적인 연습이 수반되어야 한다. 문형 연습은 이 두 가지를 충족시킬 수 있는 단계다.

문형 연습은 청각구두 교수법(Audio-Lingual Method)에 기초한 것으로, 이 교수법의 기본 원리는 언어 교육은 구어 훈련을 통한 습관 형성과 자동화에 있다는 것이다. 언어는 이론이 아닌 실용적인 교육에 의해서만 배울 수 있고 반복을 통한 기계적인 형태 연습을 하는 것이 최선의 방법이라고 한다. 그러다 보니 형식에 치우치고 '기계적인 바보 연습'을 하는

데 시간을 낭비한다는 비판을 받기도 한다.

그러나 문형 연습은 교사가 어떻게 운영하느냐에 따라 아주 훌륭한 훈련 수단이 될 수 있다. 교사가 학습자의 언어 수준과 심리적 상황을 고려하면서 학습자와 대화한다는 생각으로, 학습자 중심의 내용으로 문형 연습을 진행한다면 그 효과는 말할 수 없이 크다.

2) 문형 연습을 할 때 유의할 점

① 문형 연습은 학생을 집중시키고 활력을 넣어 주는 힘이 있다. 혼자서 하려면 실수할까 봐 두렵지만, 다른 학생과 함께 다 같이 한다면 자신감이 생기고 부끄러움이 가시게 된다. 처음 시작은 언제나 합창으로 한다.

② 문형 연습을 매끄럽게 하기 위해서 모든 지시는 손으로 한다. 손짓뿐만 아니라 몸짓, 표정 등 교사는 머리끝에서부터 발끝까지 자기가 가진 모든 것을 동원하여 가르친다.

③ 문형 연습을 할 때는 군더더기 말을 붙이지 않는다. 그냥 속도감 있게 진행하는 것이 성공의 비결이다. 교안에 준비한 어휘(key word)나 구문을 막힘없이 제시해야 한다.

④ 문형 연습을 할 때 학생들은 기회가 고루 돌아가기를 원한다. 그뿐만이 아니라 학생들은 차례의 시작이나 끝도 고루 돌아가기를 원한다. 교실에서 제일 잘하는 학생이라고 해도 언제나 먼저 시키면 부담이 된다고 불평한다. 다른 학생들은 긴장을 풀고 앉아 있으니 수업이 지루하다고 한다.

⑤ 학생이 많은 교실에서는 학생을 빠뜨리고 시키지 않을 수가 있다. 이런 실수를 하지 않기 위해서 속으로 순서를 정해 놓는다. 예를 들면 처음에는 왼쪽부터 시작하여 한 사람 간격으로 띄어 시키다가 다음에는 오른쪽부터 시킨다. 그리고는 두 사람 걸러 시킨다든지 대각선으로 시킨다든지 한다. 학생을 한눈에 보면서 전체를 파악하고, 누가 어떤 오류를 범하고 있는지도 머리에 새기면서 진행한다.

3) 문형 연습의 종류

문형 연습은 해당 문장이 지닌 형태와 기능에 따라 또는 문장 내용에 따라 연습의 우선순위를 정한다. 그리고 학습자가 접근하기 쉬운 것부터 단계별로 준다. 하나의 문형은 보통 두 단계 정도 연습을 하지만 다양한 연습이 필요한 경우도 있다.

(1) 교체 연습(substitution drill)

- 교체 연습은 어휘와 구문을 교체하면서 문장 형태에 익숙해지도록 하는 연습 방법이다. 생산되는 문장은 형태적으로 동일하고 기능과 의미면에서도 일관성이 있어야 한다.
- 교체 연습은 여러 연습 형태 중에서 가장 단순하다. 단순한 연습 형태는 학습자를 부담 없이 접근할 수 있게 한다. 초급에서 자주 사용하고, 어느 문형에서나 첫 번째 연습 형태로 사용한다.
- 한국어 교육에서는 조사나 어미 같은 관계사류어를 교육할 때 자주 사용한다. 조사일 때는 명사를, 어미일 때는 동사의 어간을 교체 대상으로 한다.

교체 연습은 다음과 같이 한다.

> 나는 이번 주말에 집에서 공부할 거예요.

이 문장에서 가르칠 만한 문법이 장소를 나타내는 '-에서'라고 했을 때
① 교사는 학생 전체에게 어휘(키워드)를 주고 학생들은 그것을 문형에 맞추어서 합창한다.
  선생 → 전체 학생의 합창

나는 이번 주말에 집에서 공부할 거예요.

선　　생 :	나는 이번 주말에 집에서 공부할 거예요. (학교)
전체 학생 :	나는 이번 주말에 <u>학교</u>에서 공부할 거예요.
선　　생 :	(도서관)
전체 학생 :	나는 이번 주말에 <u>도서관</u>에서 공부할 거예요.
선　　생 :	(교실, 독서실, 카페, 하숙집, 기숙사, 우리 집, 친구 집, 여기……)

- 전체 학생을 대상으로 연습할 때는 양팔을 벌리고 '다 같이' 한다. 학생 모두를 두루 살피면서 어조는 낮게, 그러나 모두가 참여하게 분위기를 조성한다.

② 문장 10개 정도를 연습한 후에 전체가 합창에 익숙해지면 개인에게 기회를 준다.

　선생 → 학생 개인
- 어휘는 전체 학생과 연습한 것을 거의 그대로 반복한다.
- 개인 연습을 할 때 교사는 학생 이름을 부르지 않고 손으로 지적한다. 표정과 시선, 어조는 정감 있는 대화를 하듯 하여 개인적인 관계가 성립되도록 노력한다. 그렇게 함으로써 기계적인 연습이 의미 있는 연습이 되도록 한다.
- 교사는 학생의 말을 의미 없이 반복하지 않는다.
- 학습자가 문형에 익숙해지면 어휘를 자유롭게 교체할 기회를 준다.
- 교체를 한 개 또는 그 이상 해야 할 경우에는 처음에는 하나만 하고, 익숙해지면 두 개를 교체한다.

나는 이번 주말에 집에서 공부할 거예요.

선생 : 나는 이번 주말에 집에서 공부할 거예요. (기숙사, 쉬다)
학생 : 나는 이번 주말에 기숙사에서 쉴 거예요.

선생 : 시내, 친구를 만나다
학생 : 나는 이번 주말에 시내에서 친구를 만날 거예요.

선생 : 카페, 인터넷을 하다
학생 : 나는 이번 주말에 카페에서 인터넷을 할 거예요.

(2) 응답 연습(response drill)
- 교체 연습이 형식적이고 교사 중심의 연습이라면 응답 연습은 학습자의 참여가 어느 정도 허용되는 연습 형태라고 할 수 있다. 응답 연습은 교체 연습이 끝난 후에 같은 어휘와 내용을 이용하여 진행한다.

선생 : 이번 주말에는 뭘 하실 거예요? (집, 쉬다)
학생 : 나는 이번 주말에 집에서 쉴 거예요.

선생 : 이번 주말에는 뭘 하실 거예요? (시내, 친구를 만나다)
학생 : 나는 이번 주말에 시내에서 친구를 만날 거예요.

선생 : 내일은 뭘 하실 거예요? (도서관, 숙제를 하다)
학생 : 나는 내일 도서관에서 숙제를 할 거예요.

- 교사는 같은 것을 반복하기 때문에 학생들이 지루해할까 봐 염려하지만 학생의 입장에서는 전혀 그렇지 않다. 오히려 학생들이 다 알고 있을 것이라는 생각에 연습이 부족한데도 넘어가는 것을 더 못마땅하게 생각한다.
- 문형 연습은 새로운 어휘나 단서를 무질서하게 주는 것보다는 체계적으로 확장해 나가는 것이 효과적이다. 인간의 언어 수용 능력이나 기억력은 무한하지 않기 때문에 정해진 시간에 목표 과제를 달성하도록 계획한다.

다른 문형으로 연습을 해 보자.

AVst(으)ㄴ 일이 있습니까?
네, AVst(으)ㄴ 일이 있습니다.
아니요, AVst(으)ㄴ 일이 없습니다.

선생 : 고향에 돈을 부친 일이 있습니까? (네)
학생 : 네, 고향에 돈을 부친 일이 있습니다.
선생 : 고향에 돈을 부친 일이 있습니까? (아니요)
학생 : 아니요, 고향에 돈을 부친 일이 없습니다.

선생 : 친구에게서 돈을 빌린 일이 있습니까? (네)
학생 : 네, 친구에게서 돈을 빌린 일이 있습니다.
선생 : 친구에게 돈을 꿔 준 일이 있습니까? (네)
학생 : 네, 친구에게 돈을 꿔 준 일이 있습니다.

(3) 연결 연습(connection drill)

- 외국어로서의 한국어 문법에서 연결어미가 차지하는 비중은 대단히 크다. 연결어미는 의미와 기능이 다양할 뿐만 아니라 유사한 것이 많아 학습자를 어렵게 한다. 한국어에서 연결어미는 두 개 혹은 그 이상의 절을 연결할 때 사용하는데, 이때 문장은 통일성이 있어야 하고 동시에 어미 활용이 제대로 되어 있어야 맞는 문장이 된다. 이를 위해서 연결 연습이 필요하다.
- 연결 연습은 교체 연습이나 응답 연습에 비해서 난이도가 높은 편이다. 연결어미의 의미와 기능을 인지하고 있어야 하고 또 어미를 활용해서 선행절과 후행절을 연결할 수 있어야 한다.
- 연습할 때는 선행절 어말은 기본형으로 주고 후행절은 본문에 있는 것을 살려서 구어체로 준다.

> 눈이 오니까 길이 미끄럽군요.

선생 : 제가 두 문장을 말할 테니까 '(으)니까'를 넣어서 한 문장으로 만드세요.

선생 : 눈이 오다/길이 미끄럽군요.
학생 : 눈이 오니까 길이 미끄럽군요.

선생 : 퇴근 시간이 되다/길이 막히는군요.
학생 : 퇴근 시간이 되니까 길이 막히는군요.

선생 : 저 음악을 듣다/고향 생각이 나는군요.
학생 : 저 음악을 들으니까 고향 생각이 나는군요.

(4) 완성 연습(completion drill)

- 교사가 선행절을 주면 학습자가 후행절을 스스로 만들어서 문장을 완성하는 연습이다. 연결 연습과 같은 문장 유형에서 할 수 있는 연습이지만 학습자가 선행절의 내용과 연결어미에 맞는 문장을 만들어야 하기 때문에 학습자의 입장에서는 의사 표현을 좀 더 폭넓게 할 수 있다. 교체 연습, 응답 연습, 연결 연습을 거친 후에 하는 것이 효과적이다.
- 교사가 다음과 같이 선행절을 말하면 학습자는 이미 연습한 자료를 떠올리며 문장을

완성을 한다. 그러다가 익숙해지면 자기 나름대로 새 문장을 만든다.

> 눈이 오니까…….
> 퇴근 시간이 되니까…….
> 저 음악을 들으니까…….

(5) 변형 연습(transformational drill)

- 변형 연습은 일정한 형태의 문장을 다른 의미를 가진 형태의 문장으로 바꾸는 것을 말한다. 어떤 문법 형태소를 삽입하거나 생략함으로써 의미가 첨가되거나 의미가 다른 문장으로 바뀌는 것을 말한다.
- 한국어에서 변형 연습으로 할 수 있는 문법 형태는 다음과 같다.

긍정문 ↔ 부정문	직접 인용문 ↔ 간접 인용문
존댓말 ↔ 반말	주동문 ↔ 사동문
격식체 ↔ 비격식체	능동문 ↔ 피동문
시제 변형	

> 선생 : 내 말을 반말로 바꾸세요.
>
> 선생 : 들어오십시오.
> 학생 : 들어와.
> 선생 : 앉으십시오.
>   숨을 크게 쉬십시오.
>   약은 식사 후에 드십시오.

(6) 상황 연습(situational drill)

- 한국어 교재에는 잘 다듬어진 본문이 있다. 본문은 한국인의 일상적 대화이면서 한국 사회 공동체가 공감하는 보편적 가치를 지닌 것이 대부분이다. 이런 대화는 몇 개의 어휘만 교체하면 또 다른 내용을 가진 좋은 이야기가 된다.
- 상황 연습은 본문에 있는 담화의 상황과 맥락을 살리면서 문장 유형에 맞추어 이야기를 전개하는 연습이다. 문형과 담화의 기능에 중점을 둔다.

다음은 물건 사기에서 주인과 손님의 의견이 다를 경우 의견을 조율하고 협상하는 대화다. 밑줄 친 부분은 이 이야기의 중심 문형이므로 이를 따라 하면 된다. 본문을 외운 상태라면 쉽게 할 수 있을 것이다.

손님 : <u>아저씨, 저 기억하세요?</u>
주인 : 며칠 전에 지갑 <u>산 분</u> 아니에요?
손님 : 맞아요. 그런데 이 <u>지갑에 흠이 있어요.</u>
주인 : <u>흠이라니요? 어디 봐요.</u> 음, 이거 바느질에 문제가 있군요.
손님 : 그렇지요? 어떻게 하지요? <u>다른 것으로 바꿔 주세요.</u>
주인 : <u>다른 것으로 바꾸는 것은 곤란해요.</u> 같은 색도 없고요.
　　　<u>맡기고 가시면 손질해 놓겠습니다.</u>
손님 : <u>저는 여기 또 오기 어려워요.</u>
　　　<u>아저씨, 그럼 이 검정색으로 주세요.</u>
주인 : <u>그럼 그렇게 하세요.</u>

선생 : 다음 경우에 주인과 손님이 하는 대화를 만들어 볼까요? 다음 중에서 한 가지를 짝과 같이 해 보세요. 그리고 나와서 발표해 보세요.

　　어제 산 우산이 펴지지 않는 경우
　　인쇄가 잘못된 책의 경우
　　사과 상자에 썩은 사과가 들어 있는 경우

(7) 확장 연습(expansion drill)

- 확장 연습은 한국어가 동사 중심 언어이고 첨가어라는 특성에 맞는 연습이라고 할 수 있다. 이 연습은 하나의 어휘나 구절을 중심으로 말을 덧붙여서 긴 문장으로 확장해 나가는 것이다.
- 한국어는 서술어 중심의 언어라는 점을 고려하여 문장 종결 부분에서 시작한다. 학생들이 차례로 어휘나 구절을 앞부분에 첨가하면서 문장을 확장해 나간다. 문장은 조사나 어미로 된 문형이 될 수도 있지만 여러 개의 연결 어미로 된 아주 긴 문장이 될 수도 있다.

선 생 : 요즘 월급은 안 오르는데 물가가 자꾸 올라서 문제지요? 이런 주제를 가지고
        문장을 만들어 볼까요? 자, 학생1부터 시작하세요.
학생1 : 좌절하게 됩니다.
학생2 : 월급쟁이들은 좌절하게 됩니다.
학생3 : 소득이 줄어든 것처럼 느껴질 때 월급쟁이들은 좌절하게 됩니다.
학생4 : 실질 소득이 줄어든 것처럼 느껴질 때 월급쟁이들은 좌절하게 됩니다.
학생5 : 물가는 껑충 뛰어서 실질 소득이 줄어든 것처럼 느껴질 때 월급쟁이들은
        좌절하게 됩니다.
학생6 : 월급은 쥐꼬리만큼 오르는데 물가는 껑충 뛰어서 실질 소득이 줄어든 것처럼
        느껴질 때 월급쟁이들은 좌절하게 됩니다.

06 활용 연습 단계

말하기 교수 과정표

과정	단계	내용
전개	⑤ 문형 연습 단계	• 문형 중심, 문장 중심 연습 • 의사소통 능력 배양을 위한 반복 연습 • 담화 체계 중심, 표현 중심의 유의미적 연습
	⑥ 활용 연습 단계	• 분석적인 연습 체계 • 교육을 위해 계획된 활동 • 현장과 유사한 교실 활동 • 한국인과 한국 문화를 접했을 때 충격 최소화 목적의 활동 • 학습자 간의 상호작용과 능동적 참여 유도 • 기능적 양상인 담화와 사회 문화적 양상으로 구성된 내용 • 정보 결합 활동, 조각 맞추기, 문제 해결하기, 역할극, 게임, 토론, 좌담, 발표회 • 화자의 경험적 양상이 작용 • 종합적인 연습 체계 • 오류로 인해 분석적 단계로 회귀
	⑦ 의사소통 연습 단계	• 실제 과제 수행 • 한국 사회 현장에서 과제 수행 능력 배양 • 언어 실현 단계

생각해 봅시다

❶ 말하기 교육에서 활용 연습 단계는 왜 필요할까?
❷ 학습자에게 활용 연습은 어떤 의미가 있는가?
❸ 활용 연습 단계에서는 학습자의 어떤 능력이 요구되는가?
❹ 활용 연습 단계에서 교사는 어떤 역할을 해야 하는가?
❺ 활용 연습 종류에는 어떤 것이 있나?

1) 활용 연습 단계의 의미

활용 연습 단계는 의사소통 중심 교수법에 기초를 두고 있다. 말하기 교수 과정을 보면 전반부는 교사 중심의 수동적 연습 과정이다. 이제 거기서 한 단계 나아가 학습자가 스스로 자기 이야기를 할 수 있는 과정이 된 것이다. 이때까지 실용성에 의문을 품었던 학생들은 실제 사용이 가능하다는 확신을 갖게 되고, 따라서 이 단계는 동기 유발의 촉매가 되기도 한다.

학습자에게 이 단계는 다음과 같은 의미를 갖게 한다.

① 말하기 수업에서 얻은 지식과 능력을 쓰기, 읽기, 듣기와 같은 다른 영역과 연계하여 다양한 활동(activity)을 하게 한다.

② 학습자가 능동적으로 참여하는 수업은 내용과 방법 면에서 다양성을 확보할 수 있다.

③ 비록 교실이라고 하는 시간적, 공간적 제약이 있기는 하지만, 활동은 한국의 실제 상황에 접근하게 하고, 한국 사회 현장에서 받게 될 충격을 최소화하는 데 도움을 준다.

④ 학습자 스스로 수업을 역동적으로 이끌 수 있다.

2) 활용 연습 단계의 구성 요소

활용 연습 단계는 학습자의 능동적 표현 단계이므로 학습자의 능력이 작용한다. 학습자의 한국어 능력과 한국에 대한 사회 문화적 지식을 활용하고, 거기에 자기가 성장하면서 얻은 경험적 지식을 표현하는 시간이라고 할 수 있다. 경험적 지식을 활용한다는 것은 학습자가 가지고 있는 모든 지식을 종합해서 활용한다는 의미가 된다. 성장하면서 갖게 된 가정과 사회에서의 경험 그리고 교육을 받으면서 얻은 전문적인 지식 모두가 의도된 표현을 하는 데 작용을 하는 것이다. 물론 이 모든 것의 마지막 단계에서는 학습자의 창의력이 중요한 역할을 한다. 창의력에는 언어적인 것과 함께 비언어적인 행위까지도 작용한다. 예를 들면, 역할극을 할 때 한국말과 함께 독창적인 연기가 나온다면 이것은 학습자가 가지고 있는 창의성이 한국 문화에 맞는 행위로 이어진 것이라 볼 수 있다.

활용 연습 단계의 구성 요소

학습자의 한국어 능력 + 한국에 대한 사회 문화적 지식 활용

+

학습자가 성장하면서 얻은 경험적 지식

+

스키마 활용과 창의력(비언어적 행위 포함)

---

3) 활용 연습 단계에서 교사의 역할

활용 연습 단계를 표면적으로 보면 학습자들에게 주도권이 이양된 것처럼 보일 수 있다. 학습자들은 자기들끼리 잘할 수 있다고 생각하기 쉽고, 교사는 수업에서 이렇다 할 역할이 없어서 허탈감에 빠질 수 있다. 그래서 교사는 지금까지의 진행 과정과는 다른 접근 태도가 필요하다.

① 교사는 수업을 충실하게 할 수 있도록 미리 진행 과정에 대한 계획을 세우고, 구체적

인 내용을 생각해 둔다. 이를 뒷받침할 수 있는 참고 도서, 인터넷 사이트를 찾아보고 이를 학습자에게 소개한다.

② 학기 초에 또는 수업 한 주 전에 계획표를 나누어 주어 담당자를 정하고, 학습자끼리 상호작용을 원만하게 할 수 있도록 계획하고 조직해 둔다. 모든 것이 계획과 준비에 의해 이루어져서 즉흥적인 수업이 되지 않도록 한다. 즉흥적인 수업은 순발력과는 무관하다.

③ 교사는 수업에서 돕는 이로서의 역할을 한다. 학습자가 의도하는 것을 미리 감지하고 학습자의 의도대로 표현할 수 있도록 돕는다. 그리고 학습자의 부족함을 보충해 주고 오류를 수정해 주는 역할을 한다. 이러한 역할을 수행하려면 학습자 개인에 대한 관심이 있어야 하고 학습자 중심으로 모든 것을 해결하려는 노력이 필요하다.

④ 활용 연습 단계에서 교사는 한국 사회 문화에 대한 폭넓은 상식과 한국학에 대한 전문적 지식이 필요하다. 학습자들의 생각의 깊이를 가늠하기 어렵기 때문에 그에 대한 대비를 해야 한다는 의미다.

이와 함께 인생에 대한 깊이 있는 통찰력과 인간미를 가진 교사가 되도록 노력해야 한다. 그래야 학습자의 창의력을 키워 주면서 수업을 멋있게 이끌고 갈 수 있는 것이다.

4) 활용 연습의 종류

(1) 연습의 유형
- 주제와 관련 있는 쓰기, 읽기, 듣기 영역으로 확대하여 연습
- 자유 회화(그림 보고 이야기하기, 이야기를 듣거나 읽고 이야기하기)
- 조사해서 발표
- 좌담
- 찬반 토론
- 역할극
- 게임, 노래 등

(2) 주제를 선정할 때 고려할 점
- 교재의 주제와 관련이 있는 것
- 학습자가 관심을 가진 것
- 한국 문화와 관련이 있는 것
- 해당 교재의 언어적 훈련과 관련이 있는 것(복습, 예습, 확장 또는 심화)

5) 활용 연습의 예

예1 **이야기하기(초급)**

> 안녕하세요. 요코입니다. 다음 주 월요일에 우리 반 친구 나오코 씨가 일본으로 돌아가요. 그래서 나오코 씨가 돌아가기 전에 우리 집에서 작은 파티를 하려고 해요. 이번 주 토요일 6시에 하니까 시간이 있는 분들은 꼭 와 주세요.
>
> 우리 집은 마장동에 있어요. 버스로는 쉽게 올 수 없으니까 지하철을 타세요. 5호선 마장역에서 내려서 2번 출구로 나오세요. 바로 앞에 한식집이 있고 그 오른쪽에 은행이 있을 겁니다. 똑바로 가다가 횡단보도 전에 있는 골목으로 오세요. 50m 앞에 아파트 입구가 있어요. 정문으로 들어가서 왼쪽에 보이는 아파트가 8동이에요. 우리 집은 1402호예요.
>
> 경희대학교 국제교육원(2001), 『한국어 초급Ⅱ』, 경희대학교 출판국, 139쪽.

이 글로 활용 연습을 한다면 '지도 보고 길 찾기/안내하기'를 하거나 '초대장 만들기'를 할 수 있을 것이다.

여기서는 짝 활동으로 '길 찾기'를 하려고 한다. 자기 집에서 요코 집까지 가는 길을 친구에게 설명하는 것이다. 교사는 다음과 같은 표를 준비하여 학생들이 이야기하게 한다.

길 찾기 계획표

등급	연습 유형	화제	내용	준비물	학습자 구성
초급	대화하기	㉟㊀에서 요코 집에 가는 경우	무엇을 타고 갈지, 어디서 갈아탈지, 갈아타는 방법 등 지도를 보면서 이야기하기	지하철 노선도	짝 활동

예2 **토론(중급)**

활용 연습 단계에서 하는 토론의 주제는 본문과 관련이 있어야 한다. 학습자가 본문을 바탕으로 하여 이야기를 확대해 나가면서 배운 어휘와 문법을 사용할 수 있게 하는 것이 활용 연습 단계의 목적이기 때문이다.

본문 주제가 '성격이 건강에 미치는 영향'이었다면 다음과 같은 내용을 가지고 이야기할 수 있다. 토론 형식으로 하여 '자기 주장하기 → 협상하기 → 결론 내기'로 과정을 보이도록 진행한다.

등급	연습 유형	화제	내용	준비물	학습자 구성
중급	토론하기	같은 방 친구와 살 빼기 전략으로 식사 요법을 선택했지만 실패한 경우	음식의 양 조절, 자연식 중심, 간편 식사 안 하기로 약속했지만 친구의 무질서한 생활 태도 때문에 실패하여 다시 상의하기	신문, 잡지 등 각종 살 빼기 광고	짝 활동

예3   좌담회(고급)

좌담회는 학기 초에 주제, 사회자, 참여자를 정하고 역할을 분담하게 한다. 사회자는 맡은 주제를 가지고 내용 전체를 구성한다. 그리고 소제목을 정하여 참여자에게 알린다. 참여자는 할당받은 소제목을 가지고 자료 조사를 한다. 자료 조사가 어느 정도 되면 좌담회 참여자들이 모여 어떻게 발표하는 것이 효과적인지 조율한다. 이 과정은 학습자들에게 아주 의미 있는 시간이다. 자기의 의견을 주장하고 양보하는 협의 과정은 학습자들의 한국어 실력 향상과 친목 도모에도 영향을 주지만 사회 경험이 적은 학습자들에게 정신적인 성장도 하게 한다.

등급	연습 유형	주제	내용(소제목)	준비물	학습자 구성
고급	좌담	다문화 가정 자녀의 교육 지원 정책과 개선점	– 다문화 가정 자녀 교육의 실태와 문제점 – 정부의 지원 정책과 문제점 – 교육기관의 지원 실태와 문제점 – 민간단체의 지원 실태와 문제점 – 다문화 가정 부모의 역할 – 개선해야 할 점	다문화 가정 자녀 교육 현황 자료	사회자 : 1명 참여자 : 6명

예4   시각 자료 활용(초급)

활용 연습 단계에서는 사진이나 그림 같은 시각 자료를 자주 사용한다. 사진이나 그림을 적당하게 사용하면 기분 전환이 되고 문화 설명의 수단도 되어 효과적이다.

이 만화는 간접화법을 학습한 후에 사용하면 효과적이다. 진행은 다음과 같이 한다.

① 먼저 엄마, 아빠, 아이를 정해서 각 역할에 따라 대화를 한다.
② 그리고 그것을 다른 사람이 간접화법을 써서 설명문으로 이야기한다.
③ 끝으로 쓰기 연습을 한다. 만화에 말풍선을 삽입하여 엄마, 아빠, 아이의 말을 써 넣도록 하고, 그것을 간접화법을 사용해서 설명문으로 써 보는 것이다.

07 의사소통 연습 단계

말하기 교수 과정표

과정	단계	내용
	⑥ 활용 연습 단계	• 기능적 양상인 담화와 사회 문화적 양상으로 구성된 내용 • 정보 결합 활동, 조각 맞추기, 문제 해결하기, 역할극, 게임, 토론, 좌담, 발표회
	⑦ 의사소통 연습 단계	• 실제 과제 수행 • 한국 사회 현장에서 과제 수행 능력 배양 • 언어 실현 단계 • 학습자가 연습으로 습득한 여러 양상들의 통합체를 실현 • 화자의 경험적 양상이 크게 작용 • 오류 혹은 여러 이유로 분석적인 단계로 회귀
정리	⑧ 평가 단계	• 성취도 평가 • 학습자 수준에 따라 심화 학습을 위한 자료 소개

생각해 봅시다

❶ 말하기 수업 과정에서 의사소통 연습 단계는 어떤 의미가 있나?
❷ 말하기 수업 마지막 단계에서 과제 중심 접근법을 통한 연습을 하는 이유는 무엇인가?
❸ 의사소통 연습 단계에서 교사는 어떤 점에 유의해야 할까?
❹ 의사소통 연습 단계에서 사용할 만한 활동으로는 어떤 것이 있나?

1) 의사소통 연습 단계와 과제 중심 접근법의 의미

의사소통 연습 단계는 말하기의 모든 과정을 완성하는 단계다. 교사의 지도에서 벗어나 한국인과 접촉하고 현장에 참여하면서 자기만의 목소리를 낼 수 있는 단계이기도 하다. 그러면서 언어 능력과 문화적인 면에서의 능력을 향상시킬 수 있는 단계다. 이 과정에 학습자가 해결하지 않으면 안 될 '과제'를 끼워 넣으면 일석이조의 효과를 얻을 수 있는 것이다.

사람은 문제가 생기면 거기에 집중하게 되고 그것을 해결하면 어떤 쾌감을 느낀다. 이러한 점에서 과제 중심 접근법은 다음과 같은 매력이 있다.

① 문제를 끝까지 풀려는 의욕 때문에 학습자를 적극적이고 긍정적인 자세로 이끈다. 그래서 수업 전체를 역동적인 분위기로 만든다.

② 학습자는 문제 해결 과정에서 한국어 훈련과 함께 문화적 충격을 경험하게 된다. 그리고 그것을 스스로 치유할 수 있는 능력을 기른다.

③ 과제 해결이라는 목표가 뚜렷하여 학습자가 목적의식을 가지고 말하고 행동한다.

2) 과제의 구성과 진행 과정

과제를 제공하는 사람은 교사이고 그 과제를 수행하는 사람은 학습자다. 주제는 대체로 교사가 제시하고 학습자는 계획하고 과제를 수행하며 결과물을 만들어 낸다. 교사는 이 과정을 관심을 가지고 지켜보면서 잘못된 부분은 수정하도록 지시하고 마지막에 평가한다. 학습자는 결과물을 보고하면서 교사나 동료 학습자로부터 지적받은 부분을 수정한다. 그리고 정리한다. 과제의 진행 과정은 다음 표와 같다.

과제 해결 과정과 교사·학습자의 역할

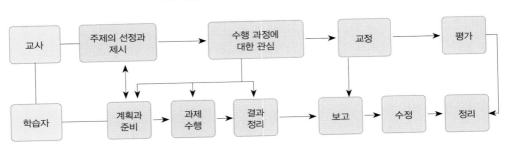

이러한 과정에서 교사는 학습자가 수업에서 배운 것에만 의지하지 않고 학습자의 지식과 경험을 모두 활용할 수 있도록 유도한다. 이때 유의할 점은 학습자가 반드시 한국 사회 현장에 들어가서 경험하고 한국인과 직접 의사소통을 하는 과정에서 학습이 이루어져야 한다는 것이다. 외국 환경이라면 이 단계에서 어려움이 있겠지만 그래도 여러 가지 방법을 강구해 보아야 한다. 가장 손쉬운 것은 주변 동포 집단에게 도움을 청하는 것이다. 과제를 택할 때는 한국 문화와 유사하거나 대조할 수 있는 현지 문화를 찾는다. 또 인터넷이나 기타 매체를 통해서 고국과 소통할 수 있는 것으로 한다.

3) 의사소통 연습의 예

예1 **과제 : 자기가 좋아하는 한국 음식을 어떻게 만드는지 알아 오기(초급)**

① 계획과 준비	• 음식 이름 : 김치찌개 • 조사 대상 : 하숙집 아주머니 • 방법 : 부엌에서 김치찌개를 만들 때 질문하고 설명을 듣고 중요한 장면은 동영상 촬영을 한다. • 준비물 : 메모지, 필기도구, 동영상 카메라 계획은 교사가 할 수도 있지만 학생이나 그룹이 한다. 학생이 하더라도 교사는 학생의 준비 과정을 지켜보면서 관심을 가지고, 또 교사 스스로 과정을 그려 본다. 단계별로 계획하면 수행하기 편하다.
② 과제 수행	• 질문 내용 : 김치찌개의 재료는 뭐예요? (촬영) 김치의 크기는 어느 정도가 좋아요? 돼지고기(양파, 두부)의 크기는요? 어떤 그릇에 끓이는 것이 좋아요? 왜요? 몇 분쯤 끓입니까? 가스 불은 어느 정도가 적당해요? 어떤 그릇에 담아 내는 것이 좋아요? 왜요? 김치찌개를 할 때 주의할 점을 가르쳐 주세요. 아주머니만의 특별한 비법 좀 가르쳐 주세요. 의사소통 연습은 훈련 단계다. 틀리는 것, 학습자의 언어적·문화적 충격에 미리 대비한다. 실수와 실패에 좌절하지 않도록 미리 이야기해 둔다. 교사는 일의 결과를 미리 예측해 보고 적절히 대응할 수 있는 준비를 한다.
③ 결과 정리	메모한 것과 동영상 촬영한 것을 놓고 종합한다. 글과 사진을 잘 배열한다.
④ 보고	• 과제 수행이 끝나면 결과에 대한 보고를 어떻게 효과적으로 할 것인지, 구두 발표를 할 것인지, 글로 할 것인지, 누가 할 것인지 의논한다. • 학습자는 지적받은 부분을 수정하여 완벽한 원고 또는 이야기가 되도록 한다. • 교사는 오류와 문제점을 지적한다. 주로 내용과 관련된 의사소통 중심적 입장에서 지적하고 문법적인 것은 뒤로 미룬다. 다른 학습자를 참여시켜서 상호작용을 할 수 있도록 이끈다. • 작성한 원고를 여러 번 읽어서 안 보고도 말할 수 있게 연습한다. • 수업에서 발표한다. • 또는 다른 친구에게 설명하면서 음식을 만든다.
⑤ 과제 수행 정리	• 준비 단계에서 보고까지 훑어보면서 자기 반성과 개선점을 메모해 둔다. • '김치찌개 과제'와 관련하여 여러 가지 다른 과제들을 생각할 수 있다. • 보기 * 학습자의 모국 음식을 한국 사람에게 설명해서 한국인이 만들 수 있도록 하기 * 한국 사람으로부터 질문을 받고 대답함으로써 음식 만들기의 과정 설명하기

| ⑥ 평가 | 교사는 최종적으로 수정한 결과물과 함께 과제 수행 과정에서 일어난 모든 것을 구체적으로 평가하는데, 이때 다음 항목에 관심을 가진다. 결과는 기록으로 남긴다.

• 문화적인 면 :
  한국인과 상호작용은 충분히 했는가?
  한국 문화를 얼마나 이해했나?
  한국 문화에 대한 충격을 잘 흡수해서 발전적인 방향으로 사고를 했나?
  구두 보고 때 비언어적 행위, 즉 몸짓, 손짓 표정이 얼마나 한국적이었나?
  짝 활동이나 그룹 활동에서 동료 학습자와 협조적이었나?

• 창의적인 면 :
  자기의 과거 경험을 잘 살려 활용했는가?
  과제 수행의 계획과 과정, 발표에서 창의성이 발휘되었는가?

• 언어적인 면 :
  어휘, 문법 사용에 오류는 없었는가?
  언어의 표현과 이해가 제대로 되었는가?
  과제의 주제 파악을 잘 하였는가?
  수업에서 배운 언어 지식을 잘 활용했나? |

예2 **과제 : 고용주와의 갈등 문제 해결**(고급)

교재 본문이 불법 체류 외국인 노동자가 한국에서 겪는 어려움을 다룬 것이다. 그래서 오늘의 과제는 고용주와의 갈등 문제를 해결하는 것이다.

① 계획과 준비	• 조사 대상 : 공장과 고용주 • 고용주가 거절하는 경우에 대비하여 설득할 수 있는 방법을 찾는다. 중소협동조합을 통해 고용주를 만나는 방법을 모색한다. • 방법 : 방문 면담, 시간과 장소 결정 • 준비물 : 질문지, 필기도구, 녹음기
② 과제 수행	• 과제가 인터뷰하기라면 계획표를 만들어서 질문을 구체화하여 상대를 만났을 때 사용할 수 있도록 준비한다. 한국인 앞에서 유창하게 말할 수 있게 관련 어휘와 표현을 익혀서 연습을 해 둔다. 편안한 한국어 구사는 한국인 화자를 안정시켜 원만한 대화로 이어지게 하고, 따라서 좋은 결과를 만든다. • 조사 대상, 조사 장소가 결과에 영향을 미친다. 특히 조사하는 사람의 태도가 중요하다는 것을 염두에 둔다. • 교사는 학습자가 하는 계획과 과제 수행 과정, 결과 정리, 보고를 지켜보면서 돕는 이로서의 역할을 충실하게 한다. 의사소통 활용 단계는 공간만 교실에서 벗어났을 뿐 수업의 연장이라는 것을 잊지 않는다. • 질문1 : 일반적인 질문(회사의 현황, 경영 상태, 직원의 분포, 고충 등) • 질문2 : 갈등의 주제가 되는 점을 중심으로 객관적인 입장에서 질문한다.
③ 결과 정리	• 메모한 것을 종합한다. • 질문과 대답, 자기의 의견을 잘 배열하여 원고를 작성한다. • 고용주나 노동자의 한쪽에 서서 입장을 지지할 수 있다. • 고용주와 노동자의 갈등을 어떻게 풀 수 있을지 실질적인 차원에서 고민하고 스스로 해결점을 제시한다.
④ 보고	• 구두 발표 혹은 글로 보고한다.
⑤ 과제 수행 정리	• 과제 수행을 하면서 개인적으로 느낀 점과 문제점을 정리한다. 이것은 다음 과제 수행을 할 때 크게 도움이 된다. • 현장 확인을 하였으므로 이후에 수필 같은 감상문의 자료로 삼는다.

III. 쓰기 교육과 교수 과정

자유 토론

❶ 쓰기가 학생들에게 어려운 영역으로 인식되는 이유는 무엇인가?
❷ 구조주의 쓰기는 어떤 과정을 거치나?
❸ 과정 중심 쓰기의 기본 개념은 무엇이며 그 과정은 어떠한가?
❹ 내가 사용하고 있는 쓰기 과정은 쓰기 교수법 중 어디에 해당
　되는가?
❺ 학문 목적 학습자들에게 문제가 되고 있는 쓰기 능력은 어떻게
　향상시킬 수 있을까?

쓰기는 소리의 문자화다. 한국어 쓰기 교육은 한글의 자모를 익히고, 문장 단위, 단락 단위를 바르게 표현하며, 나아가서는 하나의 주제로 독창성 있는 글을 쓰는 것을 목표로 한다. 맞춤법을 익히고 어휘와 문법 그리고 구문을 익혀서 자기가 나타내고자 하는 의미 표현을 정확하게 할 수 있도록 하는 것이다. 마침내는 논리 정연하면서 독창적인 글을 생산하고, 수사학에 초점을 두어 매끄러운 문장으로 문학적인 표현을 하도록 하는 것이 쓰기 교육의 목표다.

01 말과 글의 특성

외국어 교육에서 학습자가 특별히 어려워하는 쓰기 영역은 어떤 특징을 가지고 있는지 알기 위해서 말하기 영역과 쓰기 영역을 비교해 보자.

말하기와 쓰기의 특성 비교

	말 하 기	쓰 기
1	• 장면이 정해져 있어서 명시적으로 정확하게 할 필요가 없다. • 화자와의 대면으로 직접 표현한다. • 즉흥적이고 무계획적이다.	• 장면과 배경이 없기 때문에 논리의 명확성이 요구된다. • 어휘와 문법의 사용 그리고 맞춤법 등 쓰기 전반에 걸쳐 표준성이 요구된다. • 글이라고 하는 매개체를 통해서 간접으로 표현한다.
2	• 화자와 청자 사이의 언어 수행 조정이 가능하다.	• 독자와의 교감이 없다. • 상대가 일정하지 않아 빈 공간을 향해 표현하는 것과 같다. • 독자의 무반응, 뒤늦은 반응을 감수해야 한다.
3	• 사투리, 억양, 등의 개인차가 인정된다. • 억양, 표정, 몸짓을 보조적으로 사용한다.	• 문장 부호 외에는 부수적인 것이 없다.
4	• 이야기의 줄거리뿐 아니라 분위기 등 부차적인 것에 영향을 받아 상황 의존적이다.	• 자신의 의사 표현을 위해 홀로 글을 창조한다.

이 표를 보면 쓰기는 언어적인 명확성과 논리성을 요구하는 영역이면서도 쓰기를 도와주는 부수적인 것이 전혀 없어서 필자가 모든 것을 해결해야 하는 영역이다. 특히 표현 영역이면서도 독자와의 교감이 없이 필자 스스로 모든 것을 결정해야 한다는 사실을 알 수 있다.

모르는 대상을 앞에 놓고 많은 조건을 충족시키며 써야 하는 글쓰기는 유명 시인이나 소설가뿐만 아니라 어쩌면 우리 모두를 곤혹스럽게 하는 일인지도 모른다. 모국어로 글을 쓸 때도 첫 줄을 어떻게 시작해야 할 것인가를 망설이며 선뜻 펜을 앞으로 내밀지 못하는 우리 자신을 생각해 보면 학습자의 고민을 이해할 수 있다. 쓰기는 늘 학습자 모두에게 두려움과 긴장의 대상이다. 그러므로 학습자의 심리를 배려하는 쓰기 교수 방법의 모색이 필요하다.

언어 습득에서 쓰기는 어떤 의미를 가지고 있으며 한국어 수업에서는 어떻게 다루어야 할지 살펴보자.

1) 구조주의에서는 쓰기를 다른 학습 영역을 준비하는 과정으로 보았다.

쓰기는 말하기나 듣기, 읽기의 기초가 되는 훈련 방법이며, 시각을 동원하여 말하기를 돕고 청각의 보조 역할을 함으로써 듣기 훈련을 용이하게 한다고 생각하여 왔다. 쓰기가 독립적으로 습득되는 것이 아니고 다른 영역의 숙달과 함께 습득되는 것이라고 생각하였었다. 심지어 언어학적 지식의 훈련 수단으로 취급하여 왔다. 그러나 근래에는 체계적인 훈련을 받지 않으면 고급 수준에서 한계를 보이는 영역으로 인식하게 되었다.

2) 쓰기는 다른 언어 영역의 심화 학습 도구로 쓰인다.

쓰기는 생각이나 말로 표현한 것을 글로 씀으로써 다음 단계로 나아가는 발판이 된다. 쓰기는 말하기나 듣기에 비해 체계적인 훈련을 할 수 있는 유일한 영역이다. 쓰기를 함으로써 어휘와 문법 훈련을 하여 정확성을 향상시킨다. 그리고 응집력이 있는 문맥으로 가다듬어서 담화 구성력을 기르는 데 도움을 준다. 논리적인 표현을 할 수 있는 능력을 기르는 데 쓰기가 큰 역할을 한다.

3) 쓰기는 언어 수행 능력을 확인하는 도구로 사용된다.

쓰기는 늘 평가 수단의 중심에 있다. 그리고 교수·학습의 확인 도구로 사용한다. 사실 어휘나 문법의 정확성을 평가하기 위한 방법으로 쓰기만한 것이 없다. 그래서 말하기나 듣기를 강조하는 초급에서조차 쓰기 시험 시간을 길게 배정한다. 쓰기 평가가 공정하게 이루어진다는 장점 때문에 대형 국가시험에서도 쓰기는 말하기 시험 대용이 되기도 하는 것이다.

4) 쓰기는 다른 영역과 마찬가지로 학습자의 의사소통 능력 신장을 목표로 한다.

쓰기는 언어적으로 정확한 표현을 하고 의미 있고 논리적인 내용을 형식에 맞게 글로 표현할 수 있게 하는 것이 목표다. 이 훈련은 역시 언어 교육의 최종 목표인 의사소통 능력 신장에 부합되는 것이다.

5) 쓰기는 영역의 특성상 체계적인 교육이 필요하다.

쓰기가 요구하는 정확성은 단계적인 훈련에 의해서만 이루어진다. 기초 문법을 다루는 초급에서 어휘와 문형의 사용법을 익혀 정확한 문장을 만드는 훈련을 해야 한다. 그래야 이후에 창의적 글짓기나 보고서 작성을 할 수 있는 것이다.

6) 쓰기는 학습자의 성격과 관계가 있다는 점에 유의해야 한다.

말하기와 달리 쓰기는 정확성과 함께 논리가 필요한 영역이다. 그런데 의사소통만 되면 된다고 생각하는 성격의 소유자가 의외로 많다. 꼼꼼하게 따지면서 글 쓰는 것을 싫어하는 학습자에게는 구체적인 쓰기 훈련이 필요하다. 재외동포 학생은 가정에서 접하는 한국 문화와 한국어에 익숙해서 의사소통이 되기 때문에 어느 수준까지 문자언어를 소홀히 하는 경향이 있다. 쓰기 교육을 집중적으로 해서 네 개의 언어 영역이 고루 발전하도록 해야 한다.

03 구조주의에서 쓰기의 단계

하나의 글을 완성하기 위해서는 문자를 익히고, 문법과 같은 언어적인 문제를 고려할 줄 알아야 한다. 그리고 글을 쓰는 목적에 부합되게 해야 하고, 독자와 같은 글 외부와의 관계도 해결할 수 있어야 한다. 이러한 과정은 다음과 같은 단계로 나타낼 수 있는데[8] 이때 유도 글쓰기와 창의적 글쓰기는 자유 작문에 해당한다.

> **제1단계** – 자모 익히기(copying, reproduction)
> **제2단계** – 문법 요소의 의미와 기능 익히기(formulaic writing)
> **제3단계** – 유도 글쓰기(guided writing)
> **제4단계** – 창의적 글쓰기(composition, creative writing) ⎤ 자유 작문

1) 자모 익히기(copying, reproduction)

쓰기의 첫 단계는 한글의 자모를 익히는 것이다. 한글의 자음과 모음을 익히려면 읽기, 발음, 듣기 영역과 함께 쓰기를 해야 한다(155쪽 Ⅵ. 한글 자모 교육 참고).

---

8) Rivers, Wilga M.(1981), 『Teaching Foreign Language Skills』, The University of Chicago Press, pp. 291~313.

2) 문법 요소의 의미와 기능 익히기(formulaic writing)

외국어 교육에서 문법은 학습자가 고급 수준까지를 목표로 하고 있다면 대단히 강조되는 부분이다. 한국어 교육에서도 배운 문법과 문형을 이용하여 연습 문제를 푼다든지, 문장 만들기나 글짓기를 한다.

쓰기를 통한 문법 연습은 다양한 방법을 동원하는 것이 효과적이지만 문법 요소에 따라 적당한 방법을 선택해야 한다.

쓰기 기능 익히기와 문제 유형

쓰기의 목적	문제 유형
한글 익히기	자모 익히기 베껴쓰기 받아쓰기
맞춤법	받아쓰기 ○×, 선다형 문제 틀린 것 고치기
문장 구조	어순 맞추기
문법	(　　)에 조사 넣기 틀린 문장 고치기 동사 활용하기 문장 형식, 사동, 피동, 화법 변형하기 ○×, 사지선다형 문제
문형 연습	문장 완성하기 대화가 되도록 완성하기 짧은 글짓기 이야기를 듣거나 읽고 질문에 답 쓰기
어휘	보기에서 적당한 단어 찾아 넣기 단어와 뜻이 맞는 것끼리 연결하기 단어와 연관된 단어를 생각해서 쓰기 단어 뭉치를 만들어 무엇을 하는 사람인가, 어디에 있는가를 알아서 쓰기
글쓰기	대화 주고 신문으로 쓰기 이야기 뒷부분 이어 만들기 상황 주고 이야기 만들기 자기 나라 이야기 소개하기 영화 감상문 쓰기 그림이나 만화 보고 이야기 짓기 요약하기

한국어 교육에서 자주 쓰는 문제 유형의 예

① 선다형 문제
- 커피가 모두 (쏟았습니다, 쏟아졌습니다).
- 오래된 우산이어서 잘 (펴지지, 펴지) 않았습니다.

② 틀린 것 고치기
- 아까 <u>만나던 분</u>의 이름이 뭐지요?
- 고향에 <u>갔다 왔는 지</u> 일주일밖에 안 되었어요.

③ (   ) 속에 조사 넣기
- 사장님(   ) 저에게 전화를 하셨습니다.
- 설탕(   ) 달고 후추(   ) 맵습니다.

④ 질문에 대답하기

	아침	점심	저녁
영수	토스트, 우유, 사과	짜장면	스테이크, 수프
수진	밥, 국, 계란 부침, 김치	갈비, 냉면	초밥, 튀김

- 영수는 아침에 무엇을 먹었습니까?
- 누가 한식을 좋아합니까?
- 수진은 저녁에 어느 나라 음식을 먹었습니까?

⑤ 어미 활용하기

동사	-ㅂ니다/습니다	-겠습니다	-었(았,였)습니다
가다			
가르치다			

⑥ 문장 연결하기

> 보기   -(으)니까, -고, -어(아, 여)서

- 집에 갔다./점심을 먹었습니다.
- 이를 닦다./자요.
- 안으로 들어가십시오./기다리십시오.
- 버스가 복잡합니다./택시를 타십시오.

⑦ 문장 형식 변형시키기
- 엄마가 아기에게 우유를 먹입니다. 그래서 아기가 우유를 _____
- 지연 : 사전 좀 빌려 주십시오.
  〈간접화법〉 지연 씨가 _____

⑧ 어순 맞추기
- 도서관에서, 읽어요, 책을, 날마다, 오후에는
- 왔습니다, 의자에, 가방을, 놓고

⑨ 문장 완성하기
- 학교에 가다가 _____
- 학교에 갔다가 _____
- 돈을 찾아다가 _____
- 커피에다가 _____

⑩ 대화가 되도록 완성하기
가 : 라디오가 안 나와요.
나 : 어디 보자, _____
가 : _____
나 : 나는 자신이 없는데.

⑪ 동사를 활용하여 넣기
- 〈놓다〉 책상 위에 꽃 한 송이가 _____어(아, 여) 있는데 누가 그것을 _____고 갔을까?
- 〈열다〉 문을 _____(으)려고 손잡이를 돌렸는데 문이 _____지 않았다.

⑫ 보기 의 단어와 관련 있는 어휘 찾아서 쓰기

> 보기   야구, 스키, 농구

가 : 무슨 _____을/를 좋아하십니까?
나 : 야구를 좋아합니다.

⑬ 줄 긋기

입이 무겁다. •   • 아는 사람이 많다.
발이 넓다.   •   • 아주 쉽다.
식은 죽 먹기 •   • 말이 없고 비밀을 잘 지킨다.

> 예2   **문법을 학습한 후 그와 관련된 연습 문제**

'-고'에 대한 문법 설명을 한 후에 다음과 같은 연습을 한다.

> 연습1 •눈이 옵니다. 그리고 바람이 붑니다. → 눈이 오고 바람이 붑니다.
>   •꽃이 피었습니다. 그리고 날씨가 좋습니다. →
>   •날씨가 덥습니다. 그리고 비가 많이 옵니다. →

> 연습2 '-고'를 써서 두 개의 그림을 보고 하나의 주어가 행동하는 것을 연습하는 것.

언니

> 연습3 '-고'를 써서 두 개의 그림을 보고 두 개의 주어가 행동을 하는 것.

유미   민수

김정숙 외(2012), 『초급 한국어 쓰기』, (주)도서출판 하우, 137~138쪽.

3) 유도 글쓰기(guided writing)

유도 글쓰기(제한적 글쓰기)는 일종의 자유 작문이지만 교사의 체계적인 지도 아래 계획하고 구성하는 쓰기다. 학생이 무엇을 어떻게 해야 할지 구체적으로 지도하여 교사가 원하는 글이 나오게 하는 결과 중심 글쓰기다. 교사는 주제에 들어갈 어휘와 문형, 글의 형식, 내용까지도 친절하게 안내한다.

유도 글쓰기는 학습자가 문장 단위의 쓰기를 마치고 자유 작문 단계로 가기 전 징검다리 역할을 한다. 하나의 이야기를 구성하기 어려울 때 개요 작성에 해당하는 부분을 제시해 준다든지 이야기의 일부분을 주고 빈 부분을 채우게 한다든지 하는 창의적 글쓰기를 하기 위한 중간 단계다.

4) 창의적 글쓰기(composition, creative Writing)

구조주의에서 자유 작문은 결과 중심적이다. 교사가 오류를 지적하고 평가에 역점을 두므로 학습자는 이에 부담을 느끼고 글쓰기의 한계를 보일 수밖에 없다. 따라서 학습자는 내용에 충실하기보다는 맞춤법이나 글의 형식에 맞춰 쓰려고 하는 것이 이 글쓰기의 문제점이다. 한편 교사는 자기 학생이 한국어로 글짓기를 하기에는 능력이 부족하다고 과소평가하면서도 글짓기의 주제는 철학적이거나 문학적인 것을 주어 학습자를 당황하게 한다. 유도 글쓰기와 연계된 창의적 글쓰기로 이어질 때 좋은 결과물을 얻을 수 있을 것이다.

> **예3** **유도 작문으로 시작하여 자유 작문에 이르게 하는 과정[9]**

주제 : 실수

연습1 지금까지 한 실수를 적어 보십시오.

1. 자동차 열쇠를 차 안에 두고 문을 잠근 일이 있다.
2. _____
3. _____

연습2 위의 것 중 하나를 골라서 왜 그런 실수를 했는지, 그래서 어떻게 했는지 그때 이야기를 써 보십시오.

---

9) Pong Ja Paik(2002), Ji Young Kwak, Ji Hyun Choi, 『Korean Composition』, University of Hawaii Press.

1) 구성주의에서 쓰기의 원리

과정 중심 쓰기는 구성주의 원리에 기초를 두고 있다. 객관주의(objectivism)가 개인의 경험이나 주체의 인식과 무관하게 독립적인 실체를 인정하는데, 이것과 달리 구성주의(constructivism)는 인식의 주체에 의해서 주관적으로 구성되며 개인의 경험이나 개인과 대상과의 관계에서 이루어지는 의미 구성에 가치를 둔다.

구성주의는 인지구성주의(cognitive constructionism)와 사회구성주의(social constructionism)의 두 가지 유형으로 나눈다. 인간이 환경과의 교류를 통해서 지식을 구성한다는 인지구성주의 이론은 학습자의 배경 지식과 경험이 바탕이 되어 개인적인 방법으로 새로운 지식 구조를 갖는다고 생각하고 개인차를 인정하는 학습 이론을 낳았다. 그러면서 개인이 그 과정에서 기존의 인지 구조에 동화되거나 혹은 스스로 조절하여 적응하는 노력의 과정이 곧 교육이라고 하고 있다.

사회구성주의는 이념과 정서가 같은 담화공동체를 지식 구성의 주체로 생각하고 개인과 담화공동체의 상호작용을 중시한다. 서로 다른 주체들의 상호작용으로 얻어지는 합의를 중요하게 생각한다. 이러한 관점에서 탄생한 사회구성주의 학습 이론은 지식이 학습자에 의해 능동적으로 구성되는 것이 아니고 사회 문화적 실행에 의해서 구성된다고 주장한다. 문화적 실행이 도제 과정을 통해서 전수해 주는 것과 같이, 학습도 지적으로 우수한 공동체 구성원들과의 상호작용을 통한 내면화 과정으로 보는 것이다.[10]

여기에서 등장한 것이 과정 중심 쓰기 교육인데 그 원리는 다음과 같다.
① 작문 과정에서 일어나는 개인의 인지 과정을 중요하게 생각한다. 개인이 의미 구성의 주체가 되어 문제를 선택하고 해결하는 과정에서 자기 주도적으로 학습 활동을 전개하며 스스로 탐구력을 강화한다.
② 사회 맥락적인 연계를 중요하게 생각한다. 학습자가 담화 공동체의 일원이 되어 담화 공동체에서 이루어지는 관습과 사회 조건들을 받아들이고 그 속에서 이루어지는 것을 표현한다.
③ 학습자는 교사와 다른 학습자와의 상호작용을 통해서 적극적이고 능동적인 참여를 함으로써 생각을 공고히 한다.
④ 학습자는 자신의 배경 지식을 동원하여 상호작용을 하며 학습자가 전략이라고 하는

---

10) 최현섭 외(2000), 『구성주의 작문 교수 학습 이론』, 박이정.

습관을 갖는다.

⑤ 구조주의의 단계적이고 단선적인 모형이 아닌 회귀적이고 순환적인 과정을 거쳐 작문의 효과를 극대화한다.

⑥ 교사는 피드백을 제공하는 지도자가 될 뿐 아니라 한국어의 화자로서 담화 공동체의 일원으로서 안내자가 된다.

2) 과정 중심 쓰기의 전략

과정 중심 쓰기는 단계별로 나누어 진행되는데, 단계마다 적절한 전략을 활용했을 때 좋은 글이 된다.

(1) 쓰기 전 단계

① 먼저 주제를 고른다.

- 교사가 주제를 고를 때는 학습자가 그 주제에 대해 얼마나 많은 지식을 가지고 있고 그것을 끌어내어 표현할 수 있느냐 하는 것을 고려한다.
- 교사는 외국인 학습자의 문화를 존중해 주는 자세를 가진다. 첨예하게 대립하는 시사 문제(독도 문제, 중국의 불법 어선)나 종교 문제(기독교와 이슬람교)보다는 평범한 주제가 바람직하다.
- 글이란 실제 생활과 관련이 있는 것을 개인의 사고를 통하여 표현하는 것이므로 구체적이고 실용성 있는 주제와 과제를 택한다. 범위가 지나치게 넓거나 지엽적인 것은 좋은 주제가 될 수 없다. 그러면서 수업을 듣는 학습자 개인의 상황을 고려한다.

② 주제가 정해지면 생각 꺼내기를 위해 다양한 활동을 유도한다.

생각을 어떻게 꺼내야 하는지 교사는 자기의 생각을 꺼내면서 그 과정을 학습자에게 보여 준다. 교사는 각종 지식과 책에서 읽은 것, 영화에서 본 것들을 경험담으로 엮어 제시한다. 이 과정에서 학습자는 자극을 받아 자기가 가진 경험을 끌어내고 그 경험과 상호작용을 일으키며 창의적인 사고 활동을 할 수 있는 것이다.

예4

교사의 경험담으로 생각 꺼내기

선생 : '고향에 생활비 부치기' 하면 내게도 해당이 돼요. 나는 매달 아버지 용돈을 드립니다. 월급 받으면 먼저 떼어 놓습니다. 나에게는 큰 돈이지만 아버지에게는 작은 돈입니다. 나도 힘들어요. 여러분들도 가족에게 돈 부치기 힘들지요?, 여러분들도 부모님에게 효도하기 힘들지요?

주제와 관련 있는 어휘를 나열함으로써 이야기를 풀어 간다.

선생 : '실수' 하면 어떤 단어가 생각나요? 생각나는 단어를 말해 보세요. 교사는 학생이 말
　　　하는 것을 판서한다.

> [어휘]
>
> 잘못 알다, 잘못 생각하다, 못 알아보다, 착각하다, 실례가 되다, 변명하다, 사과하다, 괜히, 문화, 낯
> 설다, 서투르다, 당황하다, 얼굴이 빨개지다, 쩔쩔매다, 솔직하게, 창피하다, 꼼꼼하다, 잃어버리다,
> 잊어버리다, 아이구, 어머나, 큰일 났네, 어떻게 하지? 쥐구멍에라도 들어가고 싶다.

관련 글이나 그림, 사진, 비디오, 도표를 보고 이야기를 생각해 본다.

글을 읽고 생각 꺼내기

선생 : 여러분들은 물건을 샀는데 문제가 생긴 경우 없었어요? 저는 그런 일이 있었어요. 그
　　　래서 이런 글을 쓰게 되었어요. 이 글을 읽어 보고 여러분은 어떤 경우가 있었는지 오
　　　늘 글로 써 보겠습니다. 자, 그럼 먼저 제가 쓴 글을 읽어 보세요. 그리고 여러분은 어
　　　떤 글을 쓸지 생각해 보세요. 글의 제목, 글을 읽을 사람은 누구인지(독자), 편지, 수필,
　　　설명문 중에서 어떤 형식으로 쓸지도 생각해 보세요.

> 　나는 며칠 전 일을 하다가 머리도 식힐 겸 인터넷 사이트에 들어가 보았다. 그중에
> 눈에 들어오는 광고가 있었다.

나는 더 알아볼 것도 없이 운동복을 장바구니에 담았다. 나는 카드 결제를 했고 물건은 구매한 지 이틀 만에 왔다. (중략)

나는 담당자에게 전화를 했지만 전화가 안 되었다. 그래서 서둘러 메일을 썼다. "지난 23일 인터넷으로 운동복을 구매한 사람입니다. 오늘 물건을 받았는데 마음에 안 들어요. 첫째는 바짓단에 문제가 있습니다. 바느질이 잘 안 되어서 실이 풀려 있어요. 그리고 희미하지만 얼룩도 있습니다. 제가 보기에는 새것이 아닌 것 같은데요. 어쩌면 이런 물건을 팔아요? 이 물건을 택배로 보낼 테니 제가 낸 삼만 원을 바로 입금해 주시기 바랍니다."

③ 생각 꺼내기에서 얻은 것 중에 중심 생각으로 발전시킬 수 있는 소재를 선택한다. 그리고 목록화하여 개요를 작성한다. 개요는 소주제를 정하는 것이다.

예7

주제 : **거울**

선생 : 여러분은 하루에 거울을 몇 번 봐요? 여러분들이 대답하는 것을 보니까 거울에 관심이 많은 것 같아요. 오늘은 '거울'이라는 제목으로 글을 써 보겠어요. '거울' 하면 생각나는 단어가 있으면 말해 보세요.

선생 : 단어가 많이 나왔군요.
　　 그러면 이것을 관계가 있는 것끼리 묶고 작은 제목을 붙여 볼까요? (다발짓기)

잘/못/예쁘게/멋있게/바보같이 생겼다……	(어떻게 생기다)
화장을 하다, 바르다, 그리다, 속눈썹을 붙이다, 모양을 내다……	(화장)
염색, 쇼트커트, 헤어스타일, 머리 손질, 가발을 쓰다……	(머리 모양)
성형수술, 코가 낮다, 코를 높이다, 사각턱, 주걱턱, 쌍꺼풀 수술을 하다……	(성형수술)
관상, 점쟁이, 팔자가 세다, 복 있게 생기다……	(관상)

　　 여기에 있는 작은 제목 중 글을 쓰고 싶은 것을 골라 보세요.
학생 : '쌍꺼풀 수술을 하다', '성형수술'에 관심이 있어요.
선생 : 그러면 '성형수술'에 대한 글을 쓰기로 해요. 그런데 '성형수술'에 대한 글을 쓰려면 다른 제목에 있는 단어도 필요하지요? '어떻게 생기다'나 '관상'에 있는 단어도 필요할 것 같아요.

판서에서 필요 없는 항목은 지운다.

자, 그럼 이 단어들을 넣어서 여러분은 어떤 이야기를 쓸 것인지 '서론, 본론, 결론'
을 먼저 써 보세요.
그리고 난 후에 '1. 1), 2) 2. 1), 2) 3. 1), 2)'와 같이 작은 제목을 붙여서 글을 써 보
세요.

(2) 쓰기 단계
쓰기 단계는 초고 쓰기와 다듬기 활동으로 나누어서 생각할 수 있다. 과정 중심 교수법
에서는 이 두 활동이 다음과 같이 순환적으로 이어지는 것이 특징이다.

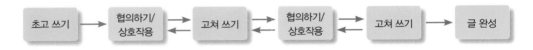

① 초고 쓰기
- 초고 쓰기는 쓰기 전 단계에서 작성한 개요를 중심으로 구두 작문을 하는 것으로 시
  작한다. 필자가 쓸 것을 이야기하고 동료 학습자가 주의 깊게 들으면서 의견을 내는 형
  식이다. 빠른 속도로 생각을 내놓고 검토한다. 스스로 수정하거나 다른 사람의 도움을
  받는다. 전체적인 흐름을 알아본 후에 쓰는 것이 실패를 덜 하는 길이다.
- 이 과정은 학습자가 상호작용에 참여함으로써 적극적이고 능동적인 활동을 하여 협
  력 관계를 맺게 한다는 이점이 있다. 또 좋은 결과물을 내지 못하더라도 의사소통 과
  정에서 지식과 정보 교류를 하게 한다.
- 쓰기 과정에서는 적절한 전략을 갖는 것이 필수다. 초고를 쓰고 수정을 하는 동안 학
  습자는 끊임없이 자신의 경험과 상호작용을 하고, 쓰기 전략을 동원하여 과정을 점검
  한다. 학습자는 의미 구성의 주체가 됨으로써 개인의 능력을 향상시킨다.
- 글의 내용은 보편성을 강조하기보다는 학습자가 원래 쓰고자 했던 것을 쓸 수 있도
  록 최대한 독려해 준다. 그러면서 가능하면 정보를 요구하거나 제공하는 글이 되고
  문화를 이해하는 분위기의 글이 되도록 한다. 그래야 품격을 갖춘 글이 되는 것이다.
- 글의 형식에 대한 관심도 기울인다. 글의 구성과 문법, 어휘, 수사법, 맞춤법 등 언어
  적인 측면도 중요하지만 고급 학습자라면 효과적인 표현 방법과 언어의 함축미를 살
  리는 데도 노력하도록 독려한다.

② 다듬기

- 초고를 쓴 후에는 필자 자신이 수정을 하거나 동료 학습자 또는 교사와 상호작용을 하면서 고치고 보완한다. 읽고, 협의하고, 고쳐 쓰기를 반복한다. 협의는 대화로 하거나 돌려 읽고 다듬기를 하는데 독자가 된 동료 학습자는 다음에 유의하게 한다.

- 동료 학습자의 태도
  - 글을 부분적으로 보지 말고 전체적으로 본다.
  - 글을 객관적이고 건설적인 입장에서 본다.
  - 글을 읽을 대상은 자기가 아니라 읽을 대상이 따로 있다는 점에 유의한다.

교사는 목표 언어의 화자로서, 담화공동체의 일원으로서 안내자가 된다. 단순히 객관적인 평가자가 아니라 원활한 의사소통을 할 수 있도록 조정자 역할을 한다.

- 글을 다듬을 때 교사나 학습자는 다음 항목에 유의한다.

	다듬기 항목
글 전체	① 글 전체의 흐름은 어떤가? ② 글의 통일성이 있는가? (글이 앞뒤가 맞는지?) ③ 글이 논리적인가? ④ 글이 독창적인가? (재미있는지?)
단락	⑤ 단락 구성은 되어 있는가? (서론, 본론, 결론) ⑥ 단락의 중심 문장이 있는가? ⑦ 중심 문장을 뒷받침하는 예가 있는가?
문장	⑧ 문장 표현은 정확한가? ⑨ 문법에 맞는가? ⑩ 어휘의 사용은 적절한가? ⑪ 맞춤법, 띄어쓰기는 잘 되어 있는가?
협의자의 의견	⑫ 잘된 점, 재미있는 점, 재미없는 점 ⑬ 고칠 점 ⑭ 의견 제시

(3) 쓰기 후 단계
① 평가

- 전통적으로 학생의 작품은 교사가 읽고 평가하는 것으로 되어 있다. 그래서 종종 선생님에게 보이기 위한 글을 쓰는 사람이 있다. 그러나 글을 읽는 사람은 평가자가 아니라 독자라는 인식을 교사와 학습자 모두가 가지고 있어야 한다. 교사는 오류 수정

보다는 진정한 독자가 되어 글을 읽고 소감을 말하고 사회 풍습이나 문화에 대한 조
언을 해 주는 사람이다.

- 평가는 다른 학생이 할 수도 있다. 완성된 글을 교환해서 읽고 의견을 말하고 평을 하
는 것은 같은 수준의 학습자가 할 수 있는 역할이다. 이러한 활동은 서로를 성찰하게
하는 방법이어서 긍정적이다.
- 주제와 과제를 중심으로 동료 학습자와 좌담, 토론, 역할극 또는 그와 관련된 활동을
하여 결과물에 대한 긍정적인 평가를 하도록 한다.

② 오류와 수정

작문에는 오류가 있기 마련이다. 교사는 학습자의 오류를 어떤 관점에서 보아야 할까?
과거에는 오류를 실력 부족으로 일어난 현상으로 보았다. 그러나 학습자 중심 교육에서 오
류는 학습 발달 과정에서 필연적으로 일어나는 부산물로 본다. 제2언어 학습자는 언어 학
습 과정에서 많은 목표 언어 자료를 접하고, 그것을 근거로 하여 규칙을 능동적으로 건설
한다고 한다. 그런데 이 규칙은 완전한 것이 아니어서 오류를 만들게 되고, 이 오류는 목표
언어로 발전해 가는 과정으로서, 일종의 언어 발달 체계를 보여 주는 증거가 된다는 것이
다. 이것은 마치 모국어에서 어린이 언어를 기저 체계를 갖추고 있는 언어의 단계로 인정하
고(중간언어) 언어 발달 과정으로 보는 것과 같다.

이러한 의미에서 학습자 오류는 언어 이론, 학습 전략, 교수 방법, 교수 자료 개발에 활용
된다. 특히 교수자의 입장에서 오류는 학습자의 학습 진전을 나타내는 지표로 삼을 수 있
고, 언어 연구자의 입장에서는 학습 방법에 대한 증거로서 언어 이론 개발에 도움이 된다.
또 학습자의 입장에서는 학습 방법을 알려 주는 지표가 된다.

오류는 이렇듯 긍정적인 측면이 있으나 언제, 어떻게 정정해 주느냐에 따라서 학습자에
게 미치는 영향은 크다. 우선 오류가 발견되었을 때 지나친 반응을 보이지 않는다. 학습자
를 바르게 안내한다는 생각에서 정정 순위를 정한다. 또 친구와 바꿔 보거나 자신이 스스
로 수정하기 등 간접적인 방법을 동원해 본다. 무엇보다도 교사는 학습자의 오류를 발견하
고 책망하는 사람이 아니라 진정한 독자라는 마음가짐이 필요하다. 이러한 자세가 오류 수
정을 편안하게 할 수 있는 분위기를 만든다.

IV. 읽기 교육과 교수 과정

자유 토론

① 외국인 학습자에게 읽기 교육은 어떤 의미가 있나?
② 읽기 접근법에는 어떤 것이 있으며 이들은 수업에서 어떻게 사용 되나?
③ 상향식 읽기 접근법과 하향식 읽기 접근법의 교수 과정을 생각해 보자.
④ 절충식 읽기 접근법의 교수 과정을 생각해 보자.
⑤ 문학 작품 읽기의 목적은 무엇이며 어떻게 지도해야 할까?

01 읽기 교육의 의미

현대인들에게 많은 정보를 제공하는 읽기 자료는 우리를 황홀하게 하기도 하지만 때에 따라서는 좌절에 빠지게도 한다. 읽기 자료가 우리 정신세계에 미치는 영향은 실로 크다.

그렇다면 외국인 학습자에게 한국어 읽기 교육은 어떤 의미가 있을까? 모국어 화자와 마찬가지로 외국인 학습자에게도 읽기 교육은 언어 수행 능력과 인성 발달을 위해서 대단히 중요하다. 언어의 구성 요소가 말해 주듯이, 읽기 교육은 글자와 발음, 어휘, 문법을 익혀서 언어 능력을 향상시키고 담화 맥락의 이해를 통해서 의사소통적 능력도 키워 준다. 이야기 속에 숨겨진 속뜻을 찾아냄으로써 한국인의 생각과 문화를 이해하게 하고 거기에 자신의 경험과 문화를 더하여 새로운 시각으로 해석하면서 또 다른 자아를 발견하게 하는 경지에 이르게 한다.

물론 학습 목적에 따라 이들 중 어느 것에 초점을 맞추고 강도를 높여야 하는지는 다를 수 있다. 일반 학습자는 필자가 말하고자 하는 것을 이해하고 작품을 감상할 수 있게 해야 하지만, 학문 목적 학습자는 전문 분야의 이해 능력을 키워 주어야 한다.

02 읽기 접근법

학생들은 읽기 시간을 대체로 '무겁고 지루한 시간'이라고 생각한다. 어떻게 하면 학습자가 참여하는 역동적이고 활기찬 시간, 재미있는 시간이 되게 할 수 있을까? 어떻게 하면 한국어 독자로서 성공하게 할 수 있을까? 그 해답은 자료의 선정에도 있겠지만 무엇보다도 교사의 수업 방법에 있다.

읽기 접근법에는 상향식 읽기 접근법, 하향식 읽기 접근법 그리고 절충식 읽기 접근법이 있다.

1) 상향식 읽기 접근법

상향식 읽기 접근법은 읽기가 텍스트에 나타난 의미 해석에 있다고 보고 음운, 발음, 맞춤법, 어휘, 문장 이해 능력을 향상시키는 데 초점을 맞추는 기능 중심의 접근법이다. 정확성과 유창성을 향상시킬 수 있고 단계별로 교육할 수 있다는 장점이 있다.

- 담화 상황과 문화 요소를 배제하고 텍스트의 어휘와 문장을 고정된 개념으로 해석한

다. 따라서 일정한 수준의 해석이 가능하고, 학습자에 대한 기대 수준도 표준화할 수 있다. 명확한 대답을 기대할 수 있어서 객관적 평가도 할 수 있다.
- 이 접근법은 언어와 문화에 대한 지식이 부족하고 자기의 경험을 활용할 능력이 부족한 초급 학습자들에게 효과가 있다.

2) 하향식 읽기 접근법

하향식 읽기 접근법은 내용 이해를 중심으로 하며 언어적 세부 사항에는 관심을 두지 않는다. 어휘 해석은 어휘 자체의 의미보다는 문맥에 따라 해석한다. 본문을 간단히 훑어보고 예측하기, 미완성 글 완성하기, 상호작용으로 새로운 해석하기 등 전략 중심으로 접근하는 것이 특징이다.

- 독자의 사전 지식과 경험이 이야기 예측에 크게 작용한다. 특히 목표어 문화에 얼마나 익숙한가 하는 것이 읽기 능력에 큰 영향을 준다.
- 하향식 접근법은 과제 수행에 초점을 맞추는 경향이 있는데, 글을 제대로 이해하지 못하는 학습자가 과제 수행을 한다는 것은 부담이 된다.
- 수업에서 화제가 다양해지는 장점이 있지만 학습자의 경험과 지식이 무질서하게 노출될 가능성도 있다. 이로 인하여 교실 분위기가 학습 목표에서 벗어날 수 있으므로 교사는 이를 통제할 수 있어야 한다.
- 교사는 학습자가 스키마를 활용할 수 있도록 노력해야 한다. 그러기 위해서 교사는 학습자의 내면을 읽을 수 있어야 함은 물론, 텍스트와 관련된 폭넓은 지식을 갖추고 있어야 한다.

3) 상호작용 읽기 접근법

하향식 읽기 지도법의 발전 형태라고 볼 수 있는 상호작용 읽기 접근법은 독자와 텍스트 간의 상호작용을 중시하는 것으로서 구성주의에 기초를 두고 있다. 그 원리를 살펴보면 다음과 같다.

하나의 텍스트가 구성될 때 필자는 많은 텍스트를 참고한다. 그래서 텍스트는 그 자체로서 완결된 의미를 가지고 있다고 할 수 있다. 하지만 독자가 이러한 텍스트를 읽고 이해하는 사고의 과정도 단순하지 않다. 텍스트는 필자가 해석하고 이해하는 과정에서 완성되는 것이 아니라 독자가 읽는 과정에서 완성된다고 보는 편이 옳다. 한 예로, 신경숙의 『엄마를 부탁해』를 읽으면서 그 책의 내용과 함께 자기가 생각하는 엄마라는 존재에 대한 자기만의 경험과 지식을 동원하였을 것이다. 그리고 그 지식 조각(스키마)을 가지고 텍스트와 상호작용하는 것을 느낄 수 있었을 것이다. 이렇게 상호작용을 통해 텍스트를 이해하는 과정을 상호텍스트성 이해 과정이라고 하는데 이것은 '인식하기 → 해석하기 → 이해하기'로 나눈다. 이 과정을 간단하게 도식화하면 다음과 같다.[11]

텍스트 이해 과정

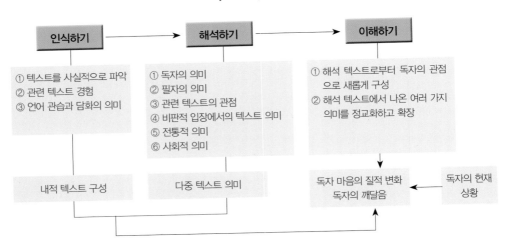

- **인식하기**는 텍스트를 사실적으로 파악하는 단계로 낱말, 문장, 담화를 기호로서 있는 그대로 인식하는데, 이것으로 독자는 내적 텍스트를 구성한다.

- **해석하기**에서 독자는 필자의 의미를 해석함과 동시에 독자 자신의 의미가 있음을 인정한다. 또 이 텍스트와 관련된 다른 텍스트의 의미, 그에 대한 비판적 의미, 사회 문화적인 의미를 동원하여 다중 텍스트의 의미로 해석한다.

- **이해하기**에서는 해석 텍스트에서 독자의 관점으로 새롭게 구성한 것을 여러 의미로 정교화하고 확장한다. 그리고 독자의 현재 상황에서 독자 마음에 변화를 주고 깨달음을 주는 것이다.
이렇게 독자는 텍스트 읽기를 통해 상호작용을 거치면서 스스로 자기만의 텍스트를 구성한다. 문학적인 경험으로 인생을 풍요롭게 하기도 하고 인간적으로 성장하는 계기가 되기도 한다.

---

11) 김도남(2003), 『상호 텍스트성과 텍스트 이해 교육』, 박이정, 159~252쪽을 참고하여 도식화한 것이다.

이 과정은 교사 중심의 일방통행식이 아니고 학습자 중심의 순환적 활동이 되어야 한다. 학습자가 텍스트와 자기의 경험, 지식, 그 밖의 동원할 수 있는 모든 정보와 상호작용을 함으로써 텍스트를 재해석하는 것이다. 그러므로 교사와 학습자는 전략적 측면에서 의식적인 변화가 필요하다. 수업 전에 이러한 의도를 이해하도록 해야 한다.

교사는
- •모든 과정이 학습자 중심으로 진행될 수 있도록 돕는다.
- •학습자가 텍스트를 통해 거론할 것이라고 예측되는 다양한 자료를 준비한다. 그러기 위해서 교사는 다방면의 전문가가 된다.
- •고급 수준에서는 문맥에 담긴 함축적 의미를 찾는 데 초점을 맞춘다. 그러기 위해서 교사는 글을 둘러싸고 있는 여러 요소와 학습자의 배경 지식이 상호작용할 수 있도록 돕는다.

학습자는
- •'인식-해석-이해'의 과정을 이해한다.
- •다른 학습자와 상호작용을 하면서 적극적으로 참여한다.
- •자신의 지식과 방법을 동원하여 새로운 해석을 모색한다.

03 읽기 교수 과정

한국어 읽기 수업 과정을 접근법에 따라서 항목별로 나누고 수업의 내용을 정리하면 다음과 같다.

1) 상향식 읽기 접근법의 입장에서

교사가 읽기 자료의 제목을 소개하고 동기 유발이 되었다고 생각하면 낭독과 발음 연습을 하고 새 어휘를 다룬다. 그리고 내용 이해 교육을 한다.

(1) 낭독과 발음 교육
초급에서는 낭독으로 시작하는데 그 순서는 다음과 같다.
　　① 먼저 교사가 그 시간에 배울 부분을 보통 억양과 속도로 읽는다.
　　② 학생들은 발음, 억양, 끊어 읽기, 내용에 주의하며 듣는다.
　　③ 다음에는 따라 읽기를 한다. 교사는 적당한 속도로 한 문장씩 읽어 주고 학습자

들은 따라 읽는다. 학습자 수준이 한 문장을 단번에 읽을 수 없을 정도라면 앞에서부터 끊어서 읽는다. 그리고 한 문장 전체를 읽어서 그 문장의 의미를 이해하게 한다. 서술어 중심으로 읽지 않는다.

④ 전체 따라 읽기에서는 발음 교육을 특별히 하지 않지만 개인 읽기에서는 발음 교정을 병행한다. 학생 개인에게서 잘못하는 발음이 나오면 전체를 시켜 보고 이것이 전체적인 문제라고 생각될 때는 음운 규칙을 제시하면서 발음 교육을 한다.

⑤ 낭독의 정확성은 의미 파악에 중요한 역할을 한다. 정확한 발음과 억양, 말끝의 오르고 내림, 띄어 읽기와 끊어 읽기를 제대로 해야 문맥의 흐름을 파악할 수 있기 때문이다.

⑥ 고급에서는 내용을 생각하면서 묵독을 한다.

(2) 어휘 교육

① 어휘 실력이 내용을 파악하는 데 결정적인 역할을 하므로 읽기 교육에서 어휘는 중요하다. 학습자의 수준에 따라, 빈도수에 따라, 학습 목적에 따라 그 중요성을 구분한다.

② 어휘 교육을 위해서 교사는 어휘의 사전적 의미를 알고 있어야 한다. 사전에 나와 있는 설명은 명확하고 간결하여 많은 도움이 되지만 사전 설명을 학습자에게 그대로 줄 수는 없다. 그것을 어떻게 학습자 수준에 맞는 단어로 바꾸어 설명할 것인가 생각한다.

> **예** 황순원의 『소나기』 첫머리에 나오는 '윤 초시'는 소녀의 가문을 말하는 것으로 작품을 읽는 데 중요한 배경 지식이 되는 어휘다. 국어사전에 보면 초시(初試)는 '조선 시대에 복시(覆試)에 응할 자가 식년(式年)의 전 해에 경향(京鄕)에서 치르던 과거, 또는 그 과거에 급제한 사람', '한문을 좀 아는 유식한 양반'(『동아새국어사전』)으로 되어 있다. 교사는 판서로 '初試'라고 써 주면서 '옛날 과거시험(국가가 보는 큰 시험)에 합격한 사람, 그래서 지식이 많은 사람, 돈도 있고 좋은 집안의 사람'이라고 설명한다.

③ 교사는 문맥을 통해서 단어의 뜻을 유추하도록 한다. 마치 괄호 속에 글을 맞춰 넣듯이 담화의 내용과 문맥의 흐름을 통해서 그 의미를 찾아내는 것이다. 언어가 말하는 명시적인 의미와 문화가 암시하는 함축적 의미를 이해했을 때 어휘가 나타내는 의미의 유추는 가능해진다. 물론 이러한 과정이 단번에 이루어지지는 않는다.

④ 학습자가 한국어 어휘를 잘 배우려면 자기 문화와 한국 문화에 대한 관련 지식이 어느 정도 있어야 한다. 또 학습자 모국어 어휘에 대한 지식이 있어야 한다. 뿐만 아니라 인생에 대한 고뇌와 폭넓은 상식도 있어야 한다. 그래야 그것들이 배경 지식이 되어 새로운 어휘의 개념을 받아들일 수 있는 것이다.

⑤ 읽기 자료에 새 어휘가 얼마나 되느냐 하는 것은 중요하다. 읽기를 할 때 뜻을 모르는 새 단어가 30퍼센트 이상 나오면 그것은 그 학습자에게 적당하지 않은 자료라는 뜻이다. 새 어휘가 내용 이해를 하는 데 부담이 되지 않도록 예습을 통해 의미를 알고 읽기를 시작하도록 한다.

⑥ 이해 어휘는 연습이나 확장은 하지 않는다. 본문에 나와 있는 어휘를 이해하여 내용을 이해하는 데 그친다.

(3) 내용 이해

① 상향식 접근법에서 내용 이해의 단위는 문장이다. 문장 단위로 읽고 질문한다. "누가? 무엇을? 어떻게 했어요?" 식으로 한 문장을 쪼개서 질문한다.

② 다음에는 단락 단위로 읽고 질문한다.

③ 전체 내용을 파악하면 이야기를 나누어 "앞에서는? 중간에서는? 끝에서는?" 식으로 이야기하게 한다. 오류는 교사가 바로잡아 주거나 학생들의 상호작용으로 수정한다.

④ 이해 과정이 끝나면 전체 이야기하기, 요약하기 등으로 마무리한다. 느낀 점을 말하거나 비판할 기회를 준다.

예1 **초급**

307호 주인께

안녕하십니까?

저는 306호에 살고 있습니다. 저희 가족은 남편과 저 그리고 아이들이 두 명 있습니다. 요즘 307호에서 밤늦게까지 음악 소리가 납니다. 그래서 우리 가족 모두가 밤에 시끄러워서 잠을 잘 수 없습니다. 어제 오후에 이 이야기를 하러 307호에 갔지만 집에 아무도 없어서 이야기를 할 수 없었습니다.

밤에는 우리 아이가 잠을 자야 합니다. 그리고 남편은 아침 일찍 회사에 출근해야 하고 저도 학교에 가야 합니다. 그런데 잠을 못 자서 다음 날 너무 피곤합니다. 그러니까 저녁 9시 이후에는 이어폰으로 음악을 들어 주십시오. 부탁합니다.

5월 7일 티엔

최정순 외(2009), 『배워요 재미있는 한국어 2』, (주)도서출판 하우.

- 질문으로 도입

  선생 : 요즘 주변 사람 때문에 불편한 것 있어요?

  (집에서, 학교에서, 아니면 주변에서, 친구가 밤늦게 들어와서, 개가 짖어서……)

  길에 지나다니면서 불편한 것이 있으면 말해 보세요.

  (남을 치고 다니는 것, 전철에서의 음악 소리, 전화 소리, 이야기 소리, 미안하다고 사과를 안 하는 것……)

- 교사 따라 읽기 : 1번
  - 보통 속도로 읽되 긴 문장은 앞에서 끊어 읽는다. 끊어 읽기가 이야기의 흐름을 방해하지 않아야 한다.
  - 처음 나오는 단어나 발음하기 어려운 단어는 연습을 한다.

  307호, 306호 : /삼벡치로/, /삼벡유코/

  밤늦게까지 : /밤느께까지/

  이어폰, 이어폰으로 : 영어식 /f/ 발음이 아닌 /ㅍ/발음이 나게, /이어포느로/
  - 개인 읽히기 : 전체를 읽히지만 유창성이 떨어지는 교실이라면 단락별로 나누어 읽힌다.

- 어휘 설명
  - 모르는 어휘를 중심으로 설명하고 간단한 연습을 한다.

  선생 : '밤늦게까지'는 '밤에 늦은 시간까지', 그런 뜻이지요. '밤늦게까지'는 대개 몇 시까지일 것 같아요? 여기서는 9시라고 했지만 한국에서는 대개 10시까지예요. 10시가 넘으면 조용히 해야 해요. 샤워를 해서 물소리가 나면 곤란하지요.

  '시끄러워서'는 무슨 뜻이에요? '밤에 음악 소리가 납니다. 그래서 시끄러워서'라고 했어요. 음악 소리 때문에 시끄러워요.

  선생 : 또 무엇 때문에 시끄러워요? 아이들이 있으면……, 자동차가 지나가면…….

  이 교실은 어때요?
  - 판서를 하고 따라 익힌다. (불)규칙 활용 설명은 생략한다.

- 내용 질문
  - 문장 단위로 질문을 해서 내용을 이해했는지 확인한다.

  선생 : 티엔 씨는 어디에 살고 있습니까?

  티엔 씨 가족은 몇 명입니까? 누구누구입니까?

  티엔 씨 집과 307호 집은 가까운 곳에 있지요? 어디에 있습니까? 윗집? 옆집?

  307호에서는 무슨 소리가 납니까?

  307호에서는 언제까지 음악 소리가 납니까?

티엔 씨 가족은 왜 잠을 못 잡니까?

티엔 씨는 어제 어디에 갔었습니까?

티엔 씨는 어제 307호 주인을 만났습니까?

이 글은 어떤 글입니까? 편지, 이메일 ……

이 글은 누가 누구에게 쓴 글입니까?

- 마무리

선생 : 307호 주인은 티엔 씨에게 무엇이라고 답장을 쓰겠습니까? 짝 활동

이야기해 보십시오.

선생 : 티엔 씨와 307호 주인이 어제 오후에 만났다면 어떻게 이야기를 했을까요?

만나서 하는 대화를 해 보십시오.

글로 써 보십시오.

요즘 한국에서는 소음 때문에 이웃집과 다투는 일이 많아요.

여러분 나라에서는 어때요?

선생 : 이와 비슷한 경험을 한 일이 있으면 이야기해 보십시오.

2) 하향식 읽기 접근법의 입장에서

하향식 접근법은 언어 이해 과정을 무시하고 이야기 이해에 중점을 두는 것이라고 할 수 있다. 학습자가 이야기의 흐름을 알게 하는 것이 목적이므로 경우에 따라서는 이야기 전체를 한 번에 다룬다. 첫 질문은 주제를 묻고 줄거리를 말하게 하거나 요약하게 하는 것이다. 몇 가지 질문으로 내용 이해가 끝나면 자기에게 적용하고 개인화하는 데 집중한다. 그리고 본문과 관련된 과제 수행을 하는 것으로 마무리한다. 하향식 접근법은 능력 있는 학습자가 즐길 수 있는 수업 방법이다. 그렇지 않은 보통 학습자는 어려움을 호소하는데 이것은 이 접근법의 큰 단점이다.

사실 수업에서 마주치게 되는 여러 변인들은 수업을 이론만으로 편안하게 이끌게 하지는 않는다. 그래서 수업에서는 이러한 이론들을 절충하여 사용하는 것이다.

3) 절충식 읽기 접근법의 입장에서

절충식 읽기 접근법은 도입 단계에서 상향식 접근법으로 다루다가 하향식 접근법으로 이동한다든지, 하향식 접근법을 사용하다가 상향식 접근법을 따르면서 절충하는 것이다. 필요한 언어 지식을 읽기 전 단계에서 미리 제공하여 어휘, 문법, 담화, 문화를 이해해서 텍스트를 사실적으로 파악하는 데 부족함이 없게 한다. 그리고 관련 정보와 상호작용을 하여 다중 텍스트의 의미로 해석하도록 한다. 자료의 수준이 맞으면 학생들에게 이해 과정을 맡

기고 막히는 것과 오해한 것만 교사가 수정해 준다.

내용 이해의 읽기 교수 과정을 좀 더 구체적으로 살펴보면 다음과 같다.

(1) 읽기 전 단계

① 글의 기능과 학습자의 요구를 관련짓는다.

② 관련 정보를 소개한다.

③ 자료를 통해 무엇을 배워야 하는지 읽기의 목적을 알린다.

④ 읽기 자료에는 학습자들이 감당하기 어려운 어휘가 많다. 예습할 수 있도록 유인물을 주거나 인터넷 공간을 소개한다.

⑤ 주제를 소개하면서 흥미 유발을 위한 시청각 자료를 제공하고 자극을 준다. 질문으로 답변을 유도하여 준비 단계를 갖는다.

⑥ 글의 장르를 이해하게 한다.

(2) 읽기 단계

① 작가의 의도를 이해하고 글의 구조를 파악하고 그리고 글의 내용을 안다.

② 텍스트 이해의 기본이 되는 새 어휘와 담화의 의미, 한국인의 언어 관습을 다룬다.

③ 학습자가 경험한 관련 텍스트를 떠올리게 한다. 학습자 스스로 자기 모국에서 경험한 것과 이 텍스트를 연관시켜 텍스트의 의미를 알게 한다(내적 텍스트 구성).

④ 텍스트와 관련된 정보를 통해서 글을 제대로 해석할 수 있게 한다. 필자의 의미뿐 아니라 전통적 의미, 사회적인 의미로 해석하고 비판할 수 있게 한다. 이 과정에서 학습 능력이 부족한 사람은 수업의 맥을 놓칠 수 있다는 점에 유의한다.

⑤ 텍스트에 새로운 정보를 첨가해서 다양한 의미로 해석하게 한다. 또 현재 학습자 자신의 입장에서 새로운 견해로 바꿀 수 있도록 도와준다. 이때 내용 전체 혹은 부분을 정교화하거나 확장한다.

⑥ 수업의 형식은 일방적인 설명이 아니라 교사와 학습자의 상호작용으로 이루어지게 한다.

(3) 읽기 후 단계

① 말하기, 듣기, 쓰기 영역과 관련지어 활용한다.

② 글의 내용을 학습자의 지식과 흥미와 관련시킨다.

③ 실제 생활에 적용하여 도움이 되게 한다.

④ 실제 독서 생활과 관련지을 수 있는 방안을 모색한다.

얼굴

사람은 누구나 맑고 아름다운 얼굴을 갖기 원한다. 추하고 못생긴 얼굴을 바라는 사람은 아마 이 세상에 한 사람도 없을 것이다.

그런데 얼굴은 타고난 그대로 있는 것이 아니라 계속 조금씩 변한다. 그래서 얼굴의 본바탕은 이 세상에 태어날 때 운명적으로 결정되지만, 커 가면서 성실한 노력에 따라서 자신의 얼굴을 어느 정도 고쳐 나갈 수 있다고 나는 믿는다. 좋은 얼굴을 가져 보려고 정성껏 애를 쓰면 자기도 모르는 사이에 얼굴이 달라지는 법이다. 물론 한두 달의 노력으로 될 일은 결코 아니다. 적어도 10년쯤 정성껏 애를 쓴다면 얼굴은 분명히 달라진다.

높은 이상을 실현하기 위해서 오랫동안 애써 온 사람의 얼굴에는 위엄과 기품이 나타난다. 이 위엄과 기품은 사람의 안에서 우러나오는 빛이다. 그것은 좋은 꽃에서 퍼져 나오는 그윽한 향기와 같다.[12]

- 읽기 전 단계

선생 : 인터넷에 '얼짱'이라고 나오는 사람 사진을 본 일이 있어요? 사진을 보고 정말 그렇게 생각했어요?

요즘은 얼굴 성형을 많이 하는데 어떻게 생각해요?

여러분은 여러분 얼굴에 만족해요?

어떻게 하면 자기 얼굴이 지금보다 좀 더 만족스러운 얼굴이 될 것 같아요?

- 읽기 단계

① 낭독 혹은 묵독을 한다.

초급, 중급에서는 그 시간에 배울 부분을 교사가 읽어 준다. 그리고 학생이 읽게 한다. 학생이 읽을 때는 학생의 발음을 잘 듣는다. 교사가 같이 읽지 않는다.

묵독 시간에는 교사도 함께 묵독한다. 교사가 함께한다는 것은 학습자의 활동을 은연중에 돕는 일이 된다.

---

12) 『생각하는 한국어 읽기』, 연세대학교 한국어학당 편, 8쪽 내용을 일부 수정하였다.

② 내용 이해를 다룬다.

선생 : 글 쓴 사람이 이 글을 쓴 목적은 무엇입니까?

무슨 이야기인지 요약해 보세요.

이 글은 어떻게 구성되어 있어요? (글의 구조를 파악한다.)

이 글의 앞부분은 어디입니까?　　　　　　　　　　서론/본론/결론

사람들이 원하는 얼굴은 어떤 것입니까?

얼굴이 변하는 이유는 무엇이라고 생각합니까? (글의 내용을 분명히 안다.)

선생 : "좋은 얼굴을 가져 보려고 애를 쓴다."는 말을 구체적으로 표현해 보세요.

이와 비슷한 글을 읽은 일이 있습니까?

여러분도 이 글을 쓴 사람과 같은 생각을 합니까? 얼굴이 변한다고 생각하세요?

여러분 나라에서 복 있는 얼굴과 복 없는 얼굴은 어떤 얼굴이에요?

이 글에서 우리는 어떤 교훈을 얻을 수 있습니까?

• 읽기 후 단계

짝 활동이나 모둠 활동으로 다음과 같은 이야기를 할 수 있다.

① 글의 내용을 학습자의 지식과 흥미와 관련시킨다.

배우나 유명인 사진을 놓고 위엄과 기품이 있는 얼굴, 흉하고 험상궂은 얼굴, 무책임하게 살아온 사람의 얼굴, 천진난만한 얼굴을 찾아보세요.

② 읽은 내용을 강화하거나 정리한다.

내가 생각하는 '나의 아름다운 얼굴'이란 어떤 것인가?

좋은 얼굴을 갖기 위해서 어떻게 노력해야 할까? 옆에 있는 친구에게 조언을 구해 보세요.

③ 성형수술에 대한 이야기

성형수술은 '아름다운 얼굴'에 도움이 되나요?

외국인 학습자가 한국 문학 작품을 읽는다는 것은 한국 문학의 향기를 맛볼 수 있고 한국 문화의 이해를 돕는다는 면에서 유익하다. 또 학습자 자신이 내면적으로 성장할 수 있다는 면에서 대단히 바람직하다. 일부에서는 문학적 경험이 언어적 어려움 때문에 불가능한 것은 아니라고 하면서 자극적이고 감동적인 텍스트는 언어적·문화적 장벽을 극복한다고 주장하기도 한다. 그러나 이것은 이론일 뿐이고 실제 수업에서는 그렇지 않다. 언어 장벽을 넘지 못하면 작품의 감동을 맛보지 못하는 경우가 대부분이기 때문이다.

그래서 문학 작품을 다룰 때는 다음과 같은 점을 고려해야 한다.

① 한국어 교육에서 문학 작품을 선정할 때는 학습자가 감상할 수 있는 작품인가를 생각해야 한다. 한국 문학을 대표하는 작품인지 여부에 못지않게 중요한 것은 작품이 학습자의 언어 수준과 문화 이해 수준에 맞고 시대적인 감각에 맞아 지적인 만족감과 흥미를 주는 작품인가 하는 것이다. 고대소설이나 전래동화는 학습자의 정서와 맞지 않고 어휘도 옛것이 많아 문제가 될 때가 있다. 『춘향전』과 『심청전』이 바로 그 예이다.

② 다음은 학습자가 감상할 만한 작품인가 하는 것이다. 즉 외국인 학습자가 읽을 만한 가치가 있는 작품인가의 여부다. 한국인의 정서와 거리가 멀거나 지나치게 한국인의 치부를 드러낸 것은 피하는 것이 좋다.

③ 장르 면에서 학습자가 접근하기 쉬워야 한다. 필자의 주변 이야기를 다룬 생활 수필은 초급에서도 사용이 가능하다. 단편 소설이나 드라마, 시나리오는 실제 언어를 접할 수 있고, 시와 시조는 감성에 자극을 주는 신선함 때문에 좋은 자료가 될 수 있다.

④ 내용은 교육적이어야 한다. 비교육적이거나 파격적인 주제를 다루고 있으면 교육용으로 적합하지 않다.

⑤ 읽기 자료에 정보가 있으면 일석이조다. 이야기 줄거리도 재미있어야 하지만 배울 것이 있어야 한다. 『우리들의 일그러진 영웅』은 한국의 정치사를 배울 수 있는 작품이다. 독재자가 그리는 한국의 부패 상황을 어린 학생들이 교실에서 그대로 보여 주는 내용이므로 그러한 배경 지식을 알려 주면서 읽게 해야 제맛을 느낄 수 있다.

⑥ 자료에서 한국적인 향기를 맛볼 수 있으면 좋을 것이다. 『사랑손님과 어머니』 같은 작품은 어린이의 언어로 되어 있어서 문장이 간결하고, 한국 고유의 정서가 녹아 있다. 한국인 내면에 응집되어 있는 사랑을 이해하게 하면 좋은 자료가 된다.

⑦ 작품의 길이가 수업 시간과 맞아야 한다.

너무 많다

내 책상 위에는 결혼 청첩장, 환갑 초대장 그리고 불안해하면서도 아직 답장 못한 편지들이 있다. 나는 힘에 겹게 친교를 갖고 있는 것 같다.

칵테일 파티에서 안면이 좀 있는 사람이 옆에 서 있는 여자를 나에게 소개한다. "미스……." 하고 머뭇거리면, 그 여자는 눈으로 또 다른 사람에게 인사를 하면서 "김이에요." 하고 웃는다. 그리고 그 여자는 나하고 조금 이야기하다가 다른 사람을 아는 체하러 가 버린다. 나는 뉴욕 미술관에서 수백이 넘는 그림을 하루에 본 일이 있다. 그런데 지금 회상할 수 있는 그림은 하나도 없다. 그중에 몇 폭만을 오래오래 감상하였더라면 그것들은 내 기억 속에 귀한 재산으로 남았을 것을……. 애석한 일이다.

이 세상에는 책이 너무 많다. 학문을 하는 사람에게는 전문 분야의 책만 해도 바로 억압을 느낄 지경이요, 참고 문헌만 보아도 곧 숨이 막힐 것 같다. 수많은 명저, 거기다가 다달이 쏟아져 나오는 시시한 책들 그리고 잡지와 신문이 홍수같이 밀려온다. 나는 학생들에게 고전만 읽으라고 일러 준다. 그러나 그 고전이 너무 많다. 이대로 내려가면 고전에 파묻힐 것이다. 영문학사를 강의하다가 내가 읽지 못한 책들을 읽은 듯이 이야기할 때는 무슨 죄를 짓는 것 같고, 그리고 읽어야 될 책을 못 읽어 늘 빚에 쪼들리는 사람과 같다. 사서삼경이나 읽고 『두시언해』나 들여다보며 학자님 노릇을 할 수 있었던 시대가 그립다.……(하략)

피천득(2002), 「인연」, 샘터, 58~59쪽.

• 읽기 전 단계

① 저자에 관해서 조사한다. 약력, 문학사적 위치, 대표작, 이 작품이 실린 책 『인연(因緣)』을 도서관이나 인터넷에서 찾아오게 한다.

② 조선 시대의 '선비 사상'에 대해서 알아오게 한다.

③ 이 글을 제대로 이해하기 위해서는 물질적인 풍요로움을 맛보았을 뿐 아니라 그 풍요로움이 지나쳐서 부담이 되는 경험이 있어야 한다.

④ 교사는 물질의 풍요로움을 맛보지 못한 학생에게 스키마가 생산될 수 있도록 하는 방안을 마련한다.

- 읽기 단계

① 많아서 부담스러웠던 경험을 생각하게 한다.

결혼 청첩장을 받으면 어때요? 그때 기분을 이야기해 보세요. 부담이 돼요? 만일 그 사람이 청첩장을 안 보냈다면 기분이 어떨까요?

여러분은 친구를 많이 사귀고 싶어 하지요? 그런데 그 사람들이 다 여러분을 행복하게 해 줘요? 또 여러분들은 그 사람들이 만족할 만하게 해 줘요?

이 작가는 그림을 지나치게 많이 보고, 책을 많이 읽은 사람으로서 그 부담을 이야기했어요. 여러분도 그런 경험이 있어요?

② 젊은 학생들은 너무 많아서 부담스럽고 또 귀찮은 경험을 하지 못한 사람이 많다. 경제적으로 여유가 없는 사람, 늘 부족함을 느끼는 사람, 대인 기피증이 있어서 사람을 잘 사귀지 못하는 사람, 책이나 그림 같은 자료를 많이 접해 보지 못한 학생은 스키마가 없기 때문에 이 글을 이해하기 어렵다. 그들에게 배경 지식을 만들어 주어야 한다.

한국에 와서 제일 먹고 싶은 것이 무엇입니까? 고향에 있을 때는 그 음식을 보면 어땠어요?

> 고향에서 가장 즐기던 음식 이름을 대도록 유도한다. 예를 들면 한국에서 김치찌개를 지겹도록 먹은 사람이 외국에서 '밥에 김치찌개'가 그립다고 하듯이.

책/우표/배우나 가수 사진을 좋아해요? K-Pop 가수 사진을 많이 모았어요? 너무 많아서 귀찮은 적이 있어요?

③ 법정 스님의 경우처럼 난초를 아끼고 사랑하지만 그것이 자신을 부자유스럽게 하기 때문에 없애 버리는 경우를 들어 관련 텍스트를 활용한다. 무소유의 기쁨을 어떻게 느끼게 할 것인가?

집에 강아지가 있어서 마음대로 여행을 못하는 경우가 있었어요?

- 읽기 후 단계

다음 주제로 좌담을 하거나 경험을 이야기함으로써 자기 성찰의 기회로 삼게 한다.
물건이 많은 것/물질이 풍요로운 것과 정신 건강과는 어떤 관계가 있는지 이야기한다.

살이 찐 것과 마른 것에 대한 스트레스
현대인의 풍요 속의 빈곤
부자가 천국에 들어가기 어렵다는 성경 말씀

V. 듣기 교육과 교수 과정

자유 토론

❶ 듣기 교육의 중요성을 말해 보자.
❷ 듣기 교육의 교수 과정은 어떻게 해야 하나?
❸ 외국인 학습자가 이야기를 들은 후에 내용을 장기 기억할 수 있게
하려면 어떻게 해야 하나?
❹ 듣기 자료를 선정할 때 고려할 점은 무엇인가?

01 듣기 교육의 의미

어린아이는 듣는 것으로부터 말을 배우기를 시작한다. 그러니까 어린아이에게는 듣기가 제일 쉽게 습득되는 영역인 셈이다. 이 때문에 제2언어 교육에서도 듣기는 말하기 훈련과 함께 저절로 습득된다는 막연한 생각을 해 왔다. 그러나 외국인 학습자에게 듣기는 시각 자료가 없이 소리에만 의존해야 하는 영역이어서 늘 불안감을 안겨 준다. 특히 모국어 화자를 접하기 어려운 외국에서 한국어를 배우는 학습자들에게는 듣기 교육이야말로 체계적인 접근이 필요한 영역이다. 듣기니까 청취력에만 의존하게 해야 한다는 생각에서 벗어나서 인간이 가지고 있는 모든 능력을 활용하도록 해야 한다.

우리가 대화를 하거나 강의를 들을 때 상대방의 이야기를 귀담아 듣지 않으면 듣고 있어도 그 말이 무슨 뜻인지 알 수 없을 때가 있다. 그러나 상대방의 말을 자세히 들으려고 한다든지 혹은 내용 가운데 흥미를 끄는 부분이 있으면 그 부분을 놓치지 않으려고 애를 쓴다. 즉 화제를 듣는 청자의 목적과 기대가 이해에 큰 영향을 미치는 것이고 청자의 적극적이고 능동적인 노력만이 이해를 뒷받침하게 되는 것이다. 그러나 우리의 학습자는 어느 부분이 흥미로운 것인지, 중요한 것인지를 알지 못해서 모두를 다 들으려고 한다. 그러다 보니 모두를 놓치고 마는 경우가 있다.

이러한 여러 가지 이유 때문에 듣기는 외국인 학습자에게 어려운 영역이 되고 있다. 학습자를 배려한 체계적인 교육만이 이를 해결할 수 있는 것이다.

02 듣기 교수 과정

외국어 교육에서 듣기는 청취력과 이해력으로 나눈다. 청취력이란 생리기관을 통해서 음을 듣고 비교하고 구분할 수 있는 능력이다. 이것이 발전하여 이해력으로 이어지는데, 이해력이란 청자가 목적과 기대를 가지고 들은 것을 나름대로 해석하고 기억하며 표현으로 전환할 수 있는 능력이다. 즉 화자가 말을 하면 청자는 발화 상황을 대략적으로 인지한다. 그리고 청각장치를 통해 음의 분절화 과정을 거치면서 음과 억양을 구별하고 음운을 인식한다. 다음에는 어휘, 문법과 내용으로 구성되어 있는 결합체를 이해하여 문장과 담화 단위로 내용을 이해하게 된다. 여기에는 한국 사회와 문화적 배경도 한 역할을 한다. 이렇게 이해한 것을 청자는 자기의 배경 지식과 경험을 동원하여 나름대로 재구조화해서 장기 기억 장치에 저장한다. 이러한 일련의 과정이 이해력의 단계다. 따라서 수업에서 교사는 이들 단계 교육에 대한 계획과 함께 학습자의 입장에서 문제가 될 수 있는 부분에 관심을 가져야 한다.

듣기 이해 과정

1) 음의 인식

지각 청취(listening for perception)란 청각 인식을 강조하기 위해 단서가 될 만한 그 어떤 것도 제공하지 않고 청각에만 의존하게 하는 것을 말한다. 이것은 한국어 수업 초기에 한글을 듣고, 쓰고, 읽으면서 한국어 음을 인식하게 할 때의 과정이다. 교사는 학습자가 음을 구분할 수 있도록 먼저 한글 모음 교육 그리고 자음 교육을 하며 이론에 의지하여 설명한다. 모음 사각도, 입술 모양 그림, 구강 그림을 이용하여 전문적인 훈련을 한다(155쪽 'Ⅵ. 한글 자모 교육' 참조). 담화의 이해를 의미하는 이해 청취(listening for comprehension)에서는 이야기를 구성하고 있는 유사음의 구분, 유사 음운과 단어의 의미 구분, 말끝, 억양의 식별에 주력한다.

2) 어휘의 이해

모국어 화자가 구어에 나타나는 어휘와 문법을 모두 듣고 내용을 이해하는 것은 아니다. 각종 장애로 인해 어휘를 제대로 듣지 못하는 경우가 있는가 하면, 아주 몇 개의 낱말만을 듣기도 한다. 그래도 그것으로 내용 전체를 파악한다. 발화의 환경과 그 밖에 여러 조건을 가지고 예측하는 것이다. 그러나 한국어 학습자는 음운 인식에만 의존하고 기타 환경적 단서를 활용하지 못하기 때문에 어휘의 의미를 뻔히 알고 있는데도 듣지 못하고 의미 파악을 하지 못한다. 뿐만 아니라 어휘가 위치하는 환경에 따라 음운 변동이 있고, 억양에 따라 그 어휘가 강조되거나 파묻히는 것을 예측하지 못하는 데 어려움이 있다.

한국어 듣기 수업을 할 때 새 단어라고 규정하는 기준은 무엇인가? 새 단어는 급별 표준 어휘 규정을 참고해야 하지만 그보다 교실 학습자의 수준과 수업 목표가 중요하다. 목표가 전체 이야기 내용을 이해하는 것이라면 주제와 관련 있는 단어를 우선 다룬다. 듣기 교육에서는 어미의 활용이나 어휘의 확대는 하지 않고 의미 이해 중심으로 한다. 의미를 줄 때는 그 담화에서 어떤 의미인지를 주고 다음에 단어 자체의 기본 의미를 알려 준다.

3) 교수 과정으로 본 내용 이해

듣기 교수 과정은 듣기 전 단계, 듣기 단계, 듣기 후 단계로 나눈다.

(1) 듣기 전 단계

① 학습자가 관심을 가질 수 있도록 학습자와 연계하여 자료의 주제를 제시한다.

② 자료의 형식을 알려 준다. 사적인 대화나 면담, 강의, 라디오 뉴스 등의 장르를 알려
줌으로써 과거에 경험한 비슷한 형식을 떠올려 예측할 수 있게 한다.

③ 청자가 목적과 기대에 따라 스스로 듣고 버리는 작업을 할 수 없기 때문에 주의 깊
게 들어야 할 부분이 무엇인지 알려 준다. 들어야 할 부분을 선별할 수 있도록 문항
을 만들거나 유인물을 준비한다.

(2) 듣기 단계

① 교사가 육성으로 읽어 주거나 녹음이나 비디오 자료를 들려준다. 두 번 정도 들려
주고 대강의 뜻을 묻는다. 세 번까지 들려줄 수 있다. 교사가 교실에서 실제로 읽어
주는 것과 녹음 자료를 사용하는 것에는 상당한 차이가 있다. 교사의 육성은 학습
자에게 친숙하기도 하지만, 교사는 학습자의 분위기를 보면서 억양과 속도를 조절
하기 때문이다. 이런 면에서는 배경이 전혀 없는 녹음 자료가 이해하기 가장 어렵
다고 할 수 있다.

② 전체 듣기가 끝나면 대체로 초급에서는 짧게 "무슨 이야기예요?"라고 물어서 전체
내용을 파악했는지 알아본다. 그리고 곧 문장 단위로 끊어 읽어 주면서 내용 이해
로 들어간다. 만일 문장을 이해하지 못하면 구절 단위로 질문한다. 글을 사실적으
로 파악하는 데 주력한다.

사고의 유연성이 있다고 생각되는 교실에서는 글 전체를 대상으로 내용 이해를 한
다. 무슨 이야기인지, 글의 목적은 무엇인지, 필자의 생각은 무엇인지, 자신은 글을
어떻게 생각하는지, 글을 비판하는 입장에서 어떤 생각을 하는지 등 글 해석하기에
주력한다. 그리고 점차 문장 단위로 이동하여 어휘, 문법, 표현에 관심을 가진다. 그
러나 개별 어휘에 의존하지 않는다.

본문의 내용 파악을 학습자의 모국어로 번역하면서 할 수 있지만 좋은 방법은
아니다.

③ 듣기 교육에서 이해의 목표는 화자가 의도한 담화에 청자가 참여하여 새로운 담화
구성을 하도록 하는 것이다. 화자가 내놓은 텍스트를 청자가 가진 경험과 능력으로
해석하여 새로운 담화가 완성되도록 하는 것을 의미한다.

모국어의 경우, 청자는 화자의 말을 수동적으로 받아들이는 것에서 그치지 않고 청자가 과거 자신의 경험에서 얻은 지식을 능동적으로, 적극적으로 활용한다. 화자가 들려주는 이야기의 내용과 형식을 과거에 자기 경험에 비추어 보면서 이해하는 데 도움을 얻으려고 한다. 그리고 화자의 발화에 적극적으로 개입하여 묻고, 부연하는 과정을 거친다. 이 노력은 표현 영역에서 화자가 보여 주는 것만큼이나 적극적으로 이루어지며, 이로써 화자와 청자는 공동으로 담화를 재구성하는 것이다. 그래서 이해 교육이 수동적인 활동 영역이 아닌 학습자의 능동적 활약이 강조되는 영역이라고 하는 것이다.

한국어 학습자도 이렇게 능동적으로 참여할 수 있도록 인도해야 한다. 교사가 '수업을 한다'는 생각에서 일방적으로 끌고 나갈 것이 아니라 학습자의 개입을 배려하는 교사의 기술과 태도가 필요하다.

④ 교사는 텍스트와 학습자가 가진 경험과 지식이 원활하게 상호작용을 할 수 있도록 돕는 역할을 해야 한다. 그러기 위해서 교사는 예를 들어 주고, 자료를 제공하고, 대조하고, 끊임없이 학습자를 자극한다. 스키마가 없는 학습자는 이해 단계에서 낙오되기 쉽다는 점을 고려해야 한다.

우수한 학습자가 아니라면 개별 문장의 의미를 모르고 이야기 전체를 이해하기 어렵다. 이 점을 무시하고 수업을 진행하지 않도록 한다.

⑤ 만일 하향식 접근법을 사용하고 있는데 학습자가 제대로 따라오지 못한다면 다음과 같은 점을 의심해 본다. 그리고 교수법을 바로 바꿔 학습자 수준에 맞춘다.

– 새 어휘가 많고 표현을 몰라 내용을 이해하지 못한 것은 아닌가?
– 한국인의 담화 관습을 몰라 내용을 이해하지 못한 것은 아닌가?
– 이 글(텍스트)과 관련된 경험이 전혀 없는 것은 아닌가?
– 상향식 교수법에 익숙해서 당황하는 것은 아닌가?

⑥ 학습자가 이야기의 배경에 관심을 가지도록 한다. 환경적 단서는 담화의 실제보다 더 많은 것을 제공할 수 있다. 예를 들면, 면대면 대화에서 우리는 흔히 누가 어떤 옷을 입었는지, 인상은 어떤지를 살피면서 대화를 나눈다. 대화의 장소와 주변의 분위기가 대화 내용을 이해하는 데 도움을 준다는 점을 일깨워 주는 대목이다.

⑦ 이와 같은 맥락에서 잡음도 유의미한 언어다. 녹음 자료에서 자동차 소리, 바람 소리 등 효과음이 이해에 도움을 준다는 것을 우리는 경험으로 알 수 있다. 그러나 외국인 학습자는 이러한 환경적 단서를 내용 이해에 사용하지 못하는 경우가 많다.

⑧ 외국어 듣기는 모국어 듣기와 달리 들을 때는 이해를 다 했는데 그 후에는 다 잊어버려서 반응을 못하는 경우가 있다. 즉 단기 기억은 하는데 장기 기억을 못하는 경

우다. 이것은 언어적으로 내용 이해까지만 하고 그 내용으로 재구조화하지 못한 것이다. 모국어 화자는 남의 말을 들으면 "저 말의 속뜻은 무엇이다."라고 자기 나름대로 해석을 하고 자기의 지식과 상호작용을 하는데, 외국어에서는 그것이 안 되는 것이다.

예를 들어서 설명하면 다음과 같다.

(뉴스에서) "19세기 이전까지 중국과 러시아는 우리 동해를 거의 모든 지도에서 '동해'로 공식 표기했던 것으로 밝혀졌습니다."라는 말을 듣고 외국인 학습자는 어휘, 문법 모두 알아서 이 문장을 다 이해했는데 금방 잊어버리고 질문에 답을 못하는 경우를 본다. 그러나 모국어 화자라면 이 말을 듣고, "음, 옛날부터 동해는 우리 영토였구나. 그런데 왜 지금 와서 그래?" 하면서

- 동해를 일본해라고 주장하는 일본을 생각하게 되고
- 요즘의 독도 문제를 떠올리게 되며
- 중·일 간의 영토 다툼에 대해서도 생각하게 된다.

그러면서 과거 19세기 이전에는 중국과 러시아가 독도를 한국의 영토로 인정했다는 사실과 지도에 그 사실을 표기했다는 사실을 기억하게 되는 것이다. 학습자들도 이렇게 재구조화를 하면서 장기 기억을 하게 해야 한다.

이를 위해서 교실에서는,

- 교사-학생, 학생-학생이 상호작용을 해서 지식을 공유하도록 돕고
- 학생의 배경 지식, 스키마를 활성화하도록 도우며
- 한국 문화에 대한 지식을 갖도록 독려한다.

(3) 듣기 후 단계

① 이야기를 이해한 후에는 말하기, 쓰기와 같은 영역으로 연계하여 이해의 폭을 넓히고 이야기 내용을 심화한다. 이를 위해서 다양한 활동(activity)을 한다. 예를 들면, 초급에서는 듣고 말하기, 듣고 쓰기, 듣고 행동하기, 듣고 그리기, 듣고 만들기를 할 수 있다. 고급에서는 느낌 말하기, 좌담 및 토론, 상황극, 글짓기, 조사와 발표, 보고서 작성을 하게 함으로써 들은 것을 실제에 적용하고 표현한다.

② 듣기의 최종 목표는 들은 이야기를 자기 것으로 만들어서 당면한 문제를 해결할 수 있는 능력을 배양하는 것이므로 이 점에 유의한다.

03 듣기 자료의 선정

듣기 자료는 교사가 만들어서 쓰는 경우와 실제 자료를 쓰는 경우가 있다. 교사가 배운 단어와 문법을 이용하여 듣기 자료를 만들 경우에는 어휘 교육에 대한 부담은 없다. 하지만 실제성이 떨어져 학생은 매력을 느끼지 못한다.

수업을 역동적으로 이끌기 위해서는 학습자가 직면하고 있는 문제와 연결된 실제 자료를 찾아야 하는데 학습자 수준에 맞는 듣기 자료를 찾는 것은 쉽지 않다. 화자가 어휘와 문법, 내용을 일방적으로 결정하여 청자에게 던져 주는 것이 듣기 영역이므로 현실에서 수준에 맞는 자료를 만나는 것은 극히 어려운 일이다.

듣기 자료는 다음과 같은 기준으로 선정한다.

① 학습자의 학습 목적, 언어 수준에 맞는 학습자 중심의 자료
② 전체 교육 과정 목표에 맞는 자료
③ 실제 상황에 가깝고 현실성이 있는 자료
④ 말하기, 쓰기, 읽기와 같은 영역과 연계해서 쓸 수 있는 자료
⑤ 발음과 말의 속도가 대중적인 자료
⑥ 실제적인 활동과 과제로 연결할 수 있는 자료
⑦ 한국 문화와 관련이 있는 자료
⑧ 다양한 형식 또는 장르의 자료

04 수업의 실제

예1 **초급**

남 : 어제는 정말 기분이 안 좋았어요.
여 : 왜요?
남 : 제가 좋아하는 가방을 잃어버렸거든요.
여 : 무슨 색 가방인데요?
남 : 까만 가방인데 안에 지갑이 있었어요.

이해영 외(2012), 『초급 한국어 듣기』, 국립국어원 · 한국어세계화재단, 106쪽.

이 글은 『초급 한국어 듣기』 교재에 나와 있는 것이다. 이 책은 과제 해결 중심으로 되어 있는데 이것을 절충식 교수법으로 진행해 본다.

- 듣기 전 단계
  준비 단계로서 오늘 수업의 목표를 인지시킨다. 다양한 상황에서 물건 설명하기를 해 본다.

  자기 소유물에 대한 환기

  여러분들은 물건을 많이 가지고 있어요?
  어떤 물건들을 가지고 있는지 말해 보세요.
  자기 물건을 설명할 수 있어요? "이것은 제 연필입니다. 노란색입니다. 연필에 지우개도 있습니다." 이렇게요.

  물건을 설명하려면 먼저 색깔을 이야기해야겠지요? 또요? 크기는요? 모양은요?
  이것은 무슨 색이에요? 색종이를 준비한다. 여러 가지 물건을 가리킨다.
  여러분들은 물건을 잃어버렸을 때 자기 물건을 설명할 수 있어요?
  시장이나 백화점에서 자기가 사고 싶은 물건을 말할 수 있어요?

- 듣기 단계
  🎧 들어 보세요. (녹음 듣기 1)
  하향식 접근법을 쓴다. 들은 것을 점검하는 과정으로 쓰기를 한다면 쓰기 연습을 하기 전에 반드시 구두 연습을 한다.

  다음 중 어느 것이 맞아요? 맞는 것에 ○표 하세요.
  - 오늘 가방을 잃어버렸습니다.
  - 가방 안에 지갑이 있었습니다.
  - 파란색 가방을 잃어버렸습니다.

  🎧 다시 들어 보세요. (녹음 듣기 2)
  상향식 접근법으로 다음 질문을 한다. 각 문장에서 나올 수 있는 질문을 쪼개어 구조적으로 알 수 있도록 한다.

  남자는 언제 기분이 안 좋았어요?
  왜요?

남자는 뭘 찾아요?

이 남자는 그 가방을 좋아해요?

그 가방은 무슨 색입니까?

본문을 반복할 수 있는 질문도 일부 학생에게는 의미가 있다.

가방 안에는 무엇이 있어요?

지갑을 어디에 두었어요?

지갑에 돈도 있었어요?

이 남자가 기분이 나쁜 이유를 두 가지 말해 보세요.

질문의 확장

이 남자는 가방을 찾을 수 있을까요?

🎧 한 번 더 들어 보세요. (녹음 듣기 3)

무슨 이야기예요? 간단하게 말해 보세요.

요약하기

- 듣기 후 단계

자기의 경험과 연계한다.

지갑이나 가방 같은 중요한 물건을 잃어버린 일이 있어요? 경험을 이야기해 보세요.

어떤 때 물건을 잃어버리기 쉬워요?

짝에게 한국에서 경험한 일을 이야기해 보세요.

예2 중급

너 김치 담그는 솜씨가 대단하다

데릭 : 너 김치 담그는 솜씨가 대단하다.

수지 : 놀리지 마. 먹음직스러워 보이지?

데릭 : 음, 너무 빨개서 매울 것 같아.

수지 : 아냐, 색깔만 그렇지 그리 안 매워. 한입 먹어 봐.

데릭 : 조금만 줘. 음, 그렇게 맵지는 않다.

      그런데 오늘 직접 해 보니까 김치 담그는 게 쉽지 않다.

수지 : 응, 양념만 해도 열 가지는 될 거야.

데릭 : 그런데 수지 넌 언제 김치 담그는 것을 배웠어?

수지 : 작년 겨울에 미경 씨 집에서 김장할 때 배웠어.

백봉자 · 최정순 · 지현숙 저(2005), 『한국언어문화듣기집』, (주)도서출판 하우, 256~260쪽.

• 듣기 전 단계
  김치에 대한 사진을 보이거나 동기 부여, 흥미 유발을 돕는 질문을 한다.

  김치를 먹어 본 적이 있어요?
  김치를 담가 본 적이 있어요?
  김치로 어떤 음식을 만들어 보았어요?
  김치찌개? 김치볶음밥?

  녹음을 듣는 동안 교사는 사진을 제시하며 현장감을 살려 준다.

• 듣기 단계
  선생 : 이것 보세요. 데릭과 수지가 김치 만들기 대회에 참석했습니다.

  🎧 들어 보세요. (CD 듣기 1)
  가) 맞아요? 틀려요?
      ① 수지는 김치를 잘 만든다.
      ② 데릭은 김치를 먹고 아주 맵다고 생각한다.

  아주 간단한 문제를 풀면서 전체적인 의미 파악을 한다.

  🎧 들어 보세요. (CD 듣기 2)
  잘 듣고 질문에 대답하세요.

  수지는 지금 무엇을 하고 있고 데릭은 무엇을 하고 있습니까?
  김치의 색깔은 어떻습니까? 맛은 어때요?
  김치는 보는 것과 맛이 어떻게 다릅니까?
  수지 생각에 김치 담그기가 어때요?
  김치 담그기가 쉽지 않은 이유는 무엇입니까? ……

  난이도가 높아진 질문을 한다. 문장 형식에 유의한다.

  🎧 들어 보세요. (CD 듣기 3)
  짝과 역할을 나누어 대화문 전체를 외워 본다.
  내용 전체를 요약한다.

- 듣기 후 단계

  김치는 무엇으로 어떻게 만드는지 사진을 보면서 이야기해 보세요.

  김치로 만든 음식 이름을 말해 보세요. 김치 피자는 어때요?

  김치를 세계 무대에 내놓을 수 있어요? 어떤 점을 고쳐야 해요?

예3 **중급**

　다음은 초등학교 국어에 나오는 수필이다. 내용은 그리 어렵지 않지만 철학적인 깊이를 가진 이야기여서 다양한 생각을 할 수 있는 글이다. 중급 이상 고급 단계에서 활용 가능하며, 고급 학습자라면 읽은 후 활동을 기대할 만하다.

내가 본 밤하늘

　내가 초등학교 3학년 때 일이다.

　학교에서는 매년 봄에 그림 그리기 대회를 공원에서 개최했는데, 그해의 주제는 '불꽃놀이'였다. 나는 예전에 불자동차 그리기 대회에서 상을 받은 적이 있었기 때문에 그림에는 어느 정도 자신이 있었다. 그래서 나는 공원 안에 있는 큰 나무 밑에 앉아 ① 자신을 가지고 그림을 그리기 시작했다. 내가 검은색 크레파스로 밤하늘을 가득 메운 뒤, ② 형형색색의 아름다운 불꽃들을 그리고 있는데, 옆에서 그림을 그리던 친구가 갑자기 내 그림이 잘못됐다고 말했다. 아름답게 완성돼 가는 내 그림에 ③ 은근히 자부심을 느끼던 나로서는 ④ 깜짝 놀라지 않을 수 없었다. 내가 무엇이 잘못됐냐고 묻자, 그 친구는 하늘을 그릴 때는 어떤 경우라도 검은색을 사용해서는 안 된다고 했다. 친구의 그림에는 밤하늘이 짙은 파란색으로 칠해져 있었다. 순간 나는 몹시 당황했으나,

　"밤에는 깜깜해서 모든 것이 검게 보이니까 밤하늘은 검은색이 맞다. 그러니 사실대로 그림을 그려야 한다."

　라고 주장했다.

　그 친구는 시상식에서 제일 큰 상을 받았고, 나는 빈손으로 돌아왔다. 그 친구의 말이 옳았을지도 모른다는 생각이 들었지만, 한편으로 나는 '왜 검게 보이는 밤하늘을 파란색으로 그려야 하는지'에 ⑤ 수긍이 가지 않았다. 그래서 한동안 ⑥ 억울한 생각이 머리를 떠나지 않았다. (하략)

한국방송공사(1996), 『KBS 한국어 표준발음과 낭독』, 18~19쪽.

- 듣기 전 단계

  여러분, 12월 25일은 크리스마스지요? 크리스마스는 춥습니다. 세계 어디서나 추워요? 아니지요? 맞아요. 호주는 크리스마스에 더워요.

  밤은 어두워요. 그런데 어두워지지 않는 곳도 있어요. 모스크바의 백야를 보았는데 언제까지나 어둡지 않고 환했어요. 이렇게 꼭 그렇다고 생각하는 것, '크리스마스는 춥다. 밤은 어둡다.'고 생각하는 것, 마음속에 늘 일정하게 있는 생각을 고정관념(a fixed idea, 固定觀念)이라고 해요.

  오늘 듣기는 고정관념과 관계가 있는 이야기예요.

  초점을 두고 들어야 할 부분을 미리 알린다.

  새 어휘 교육

  새 단어는 판서를 하면서 설명하는데 설명 방법은 어휘에 따라 다르게 한다.

  - 한자나 영어로 칠판에 써서 의미를 알게 한다.

    ① 자신(自信)   ② 형형색색(形形色色)   ⑤ 수긍(首肯)이 가다

  - 사전을 찾아서 쉬운 말로 바꿔 설명한다.

    ③ 은근히   ⑥ 억울하다

  - 담화 상황으로 설명한다.

    ④ 깜짝 놀라지 않을 수 없었다.

- 듣기 단계

  🎧 들어 보세요. (CD 듣기 1, 2)

  무슨 이야기예요? 누가 말해 보세요.

  이 글의 주제는 무엇인가요?

  이 글은 '고정관념'과 '고착화된 관념에서 벗어나서 있는 그대로를 인정하는 유연한 사고를 가진 생각'을 말하고 있다. 학생들이 이러한 결론에 이르도록 유도한다.

  - 필자는 왜 검은색으로 밤하늘을 그렸는가?
  - 친구는 왜 파란색으로 밤하늘을 그렸는가?
  - 현실을 있는 대로 보지 않고 낙관적으로 볼 경우 어떤 문제가 있을까?
  - 부모는 내게 베풀어 주는 사람, 이웃은 늘 나에게 사촌 같은 존재라고 생각한다면 어떻게 될까?
  - '고정관념'과 '순진하다'는 어떤 관계가 있을까?

- 듣기 후 단계

자기 경험 이야기하기
여러분도 친구에게 밀려 억울한 경험을 한 적이 있어요?

토론
필자는 세상을 있는 그대로 보았고,
친구는 고정관념을 가지고 보았어요.
여러분은 어느 쪽을 옳다고 생각해요? 이러한 주장의 장단점은 무엇인가요?

좌담
- 여러분 자신은 사물을 있는 그대로 봐요? 예를 들어 보세요.
  여러분 자신은 사물을 고정관념을 가지고 봐요? 예를 들어 보세요.
- 한국 사람들에게는 '빨리빨리 문화'가 있다고 합니다. 정말 그렇습니까?
  한국 사람 모두가 그래요? 그렇지 않은 것은요? 음식?
- 여러분의 나라에 대해서 세계인들은 뭐라고 해요? 그 말이 세계인의 고정관념이라고
  했을 때 그것을 부정할 수 있는 이야기를 해 보세요.

VI 한글 자모 교육

자유 토론

① 국어 교육과 한국어 교육에서 한글 자모 교육은 어떻게 다른가?
② 결혼이주민, 북한이탈주민과 그 자녀와 같은 다양한 학습자에게 한글 자모 교육은 각각 어떻게 해야 하는가?
③ 한글 자모는 어떤 순서로 가르치나?
④ 한국어 교육에서 모음 교육이 중요한 이유는 무엇인가?

01 한글과 자모

한글은 흔히 철학적이고 과학적이며 체계적이라고 하고, 세계 문자사의 기적이라고 한다.[13] 실제로 한글을 외국인에게 가르치면 정말로 이것이 사실임을 확인하게 된다.

한글의 특징을 한국어로 초급 학습자에게 설명한다는 것은 불가능한 일이다. 그렇기 때문에 교재에서 따로 설명을 하거나 특강 시간을 마련하여 설명하는 것이 좋다. 이때 언어권별로 한국어의 유형적 특징을 소개한다. 한국어에 대한 기본 지식과 함께 학습자의 모국어와 어떻게 다른지 보여야 한다. 한글의 창제 원리와 자모 소개, 자모의 조합, 그리고 국제음성기호도 보인다. 여기에 학습자가 자주 범하는 음운 오류에 대한 설명도 보여야 한다.

현재 사용하고 있는 한글은 모음(10자)과 자음(14자)을 합해서 모두 24글자다. 학습자가 이들의 이름을 외워서 쓸 수 있게 할 필요는 없지만 교사가 말하는 이들의 이름을 알아들을 수는 있어야 한다. 또 한국어 사전에서 사용하는 자모의 배열 순서를 기억하고 있어야 한다.

02 한국어 수업에서 한글 자모 교육 순서

한국어 교육에서 한글은 읽기, 쓰기, 듣기 영역에서 가르친다. 그리고 말하기 영역에서 지속적으로 발음 교육을 한다. 한때 한글을 어떤 순서로 가르치는 것이 효과적이냐가 쟁점이 된 적이 있었지만, 현재는 다음과 같은 의견에 대체로 동의하고 있다.

언어학적 측면에서 한국어의 음운 체계를 보면 모음은 전설모음이면서 고모음인 'ㅣ'부터 시작하고 자음은 양순음인 'ㅂ'부터 접근하는 것이 타당성이 있는 것 같다. 그러나 대부분의 학습자들은 언어학에 대한 기초 지식이 없기 때문에 언어학적 접근은 의미가 없다. 이론적인 접근보다는 한국인들이 옛날부터 자주 입에 올려서 친근한 '가, 갸, 거, 겨' 순서로 가르치는 것이 교사와 학습자 모두에게 편하다.

한글 자모 교육은 말하기 수업을 시작해서 '인사' 정도를 할 수 있을 때 시작한다. 수업시간으로 2시간 정도 경과했을 때 시작하는 것이 좋다.

---

13) 노마 히데키(2011), 『한글의 탄생』, 돌베개.

한국어 자모 수업

선생 : 한글은 모음(vowel, 母音)과 자음(consonant, 子音)으로 되어 있어요.
　　　모음을 공부해요.

① 한글 자모 교육은 쓰기와 읽기를 병행한다. 쓰기 순서를 익히고 읽게 한다.

- '아'

'ㅇ'을 먼저 쓰고 난 뒤 천천히 'ㅏ'를 쓴다. 교사는 한글 자모의 획에 주의한다. 'ㅇ'은 한 획
으로 쓸 수도 있고 두 획으로 쓸 수도 있다.

선생 : 'ㅇ'은 자음(consonant, 子音)이에요. 그런데 소리가 없어요. 'zero consonant'예요. 한
　　　국어는 '자음 + 모음'(子音 + 母音)으로 되어 있어요. '아'도 자음 + 모음(子音 + 母音)
　　　으로 되어 있어요. 다 같이 /아/, /아/, /아/, …….

선 생 : 다 같이 /아/, /아/, /아/

선 생 : /아/

학생1 : /아/

학생2 : /아/

> 모음을 가르칠 때 'ㅏ, ㅑ, ㅓ, ㅕ……'만을 써
> 놓고 발음하게 하지 않는다. 한글은 자음과 모
> 음을 합해야 글자가 되고 소리도 난다.

> 학생들이 공책에 쓰도록 한다. 공책은 네모 칸 공책을
> 사용한다. 획을 제대로 썼는지 점검한다.

> 개인 연습을 시킨다.

- '야'

선 생 : 다 같이 /야/, /야/, /야/

선 생 : /야/

학생1 : /야/

학생2 : /야/

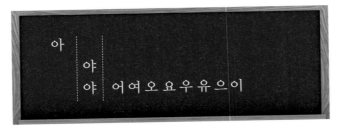

'아, 야, 어, 여, 오, 요, 우, 유, 으, 이' 모음 교육이 끝나면 자음과 결합한 '가, 갸, 거, 겨'를 시작한다.

• '가'

선생 : '가'는 'ㄱ'에 'ㅏ'를 더한 거예요.

'ㄱ'은 /k/예요. 그렇지만 'ㄱ'은 유성음(voiced sound, 有聲音) 사이에서는 /g/로 소리가 나요. 'ㄱ'에 'ㅏ'를 더하면 '가'가 돼요. 다 같이 해 보세요. /가/, /가/, /가/

그리고 '아, 가, 나, 다, 라, 마, 바, 사, 자, 차, 카, 타, 파, 하' 순서로 가르친다.

② 한국어에서 유성음(voiced sound, 有聲音)은 모든 모음과 자음 'ㄴ, ㄹ, ㅁ, ㅇ'이라는 것을 알려 준다.

③ 수업의 분량은 학생의 능력에 따라 다르겠지만, 첫 시간에는 모음과 'ㄱ' 줄만 가르친다. 하루에 긴 시간 한글 공부를 하면 지루하고 혼란을 준다. 둘째 날 혹은 둘째 시간에는 석 줄 정도 하고(나다라) 뒤로 가면서 기계적으로 받아들일 수 있을 때가 되면 그 이상으로 늘린다(마, 바, 사, 자/차, 카, 타, 파, 하).

④ 배운 자모를 중심으로 어휘를 만들어 읽기 연습을 한다. '아, 야, 어, 여······ 으, 이'와 '가, 갸, 거, 겨······ 그, 기'를 배운 상태라면 '오이, 아이, 우유, 아야, 아기, 아가, 고기······'로 단어 카드를 만들어 연습한다. 이때 의미가 있는 단어라야 효과가 있다.

03 모음의 지도 요령

- 자음이 소리를 내려면 모음과 결합해야 하기 때문에 한국어의 모음은 매우 중요하다. 한 글자를 발음할 때 모음 소리를 잘못 내면 그 글자의 발음 전체가 흔들리게 된다. 그만큼 모음은 한국어 발음의 기본이 된다. 그래서 모음은 학습 초기에 철저하게 지도한다.
- 한글 자모의 읽기와 쓰기를 가르치면 학습자는 한글의 글자 체계에 대해서 알게 되지만 개별 발음에 대한 훈련은 부족하다. 따라서 음의 인식을 위한 훈련을 해야 한다.
- 모음은 두 입술의 모양과 혀의 높낮이, 혀의 앞뒤[前舌과 後舌], 입술 모양[圓脣과 平脣]에 의해서 소리가 결정된다. 이것이 음의 분화 조건이다. 한국어 학습자들이 모음을 혼동하고 오류를 범하는 이유는 이 분화 조건을 충족시키지 못하기 때문이다. 혼동하는 모음들의 대응쌍은 어떻게 지도해야 할지 생각해야 한다.
- 한국어 모음은 대체적으로 다음과 같은 특징이 있다.
  - 혀는 평평한 상태를 유지한다.
  - 영어 같은 언어에 비해 혀의 높낮이나 전후 동작이 심하지 않다.
  - 입술을 크게 벌리지 않는다.
- 교사는 모음을 가르치기 전에 자신의 입 모양을 거울에 비춰 보면서 발음해 본다. 그리고 학생에게도 거울을 보면서 발음해 보라고 권한다. 물론 수업을 할 때도 교사는 학습자의 입술을 보고 학습자는 교사의 입술을 보아야 한다.

1) 입술 모양에 의한 분화

모음 사각도에서 혀의 높낮이, 혀의 앞뒤 위치를 이야기해도 그것을 학습자가 이해하기는 쉽지 않다. 하물며 교사의 설명에 따라 구강을 통제하고 발음하는 것은 거의 불가능한 일이다. 그래서 모음을 지도할 때는 눈으로 확인할 수 있는 입술 모양부터 지도하는 것이 제일 좋은 방법이다. 아래 모음은 입술 모양만 잡아 주어도 정확하게 발음할 수 있는 것들이다.

- /으/와 /우/

한국어 발음 중 /으/는 다른 외국어에 별로 없는 독특한 발음이다. 따라서 이 발음을 어려워하는 학습자가 많다. /으/는 /이/와 입술 모양과 혀의 높이가 같다. 다만 /이/는 전설모음이고 /으/는 후설모음인 것이 다르다. 그러므로 /으/를 가르칠 때는 발음하기 쉬운 /이/부터 시작하여 혀를 뒤로 가져가면서 /으/를 발음한다. 이때 입술을 움직이지 않는 것이 관건이다.

/우/는 입술을 가장 동그랗게 하고 앞으로 쑥 내미는 것이 특징이다. 입술을 이렇게 하다가 보면 자연히 혀를 우그리게 되고 혀의 뒤쪽을 높이게 된다.

/으/와 /우/를 구별하기 위해서 다음과 같이 지도해 보자. 연필을 코끝에서 턱으로 가볍게 내리 댄다. 그리고 /으/ 발음을 하면 입술이 연필에 닿지 않는다. 그러나 /우/를 발음하면 입술이 앞으로 쑥 나와 입술이 연필에 닿는다.

- /어/와 /오/

/어/는 입술의 긴장을 푼 상태에서 세로로 크게 벌리고 혀는 낮게 놓는다.

/오/는 입술을 동그랗게 벌리고 약간 내민다. 혀끝은 내리고 뒤쪽은 올려 혀가 우그러진 상태가 된다.

이때 /어/는 긴장을 하지 않아 입술에 주름이 없지만 /오/는 입술 주위의 긴장으로 주름이 생긴다.

개별 발음을 들려 준 후에는 대응쌍을 만들어서 듣기 연습을 한다.

2) 혀의 높낮이에 의한 분화

한국어는 다른 언어에 비해 혀의 높낮이가 심하지 않은 편인데 이것은 혀를 많이 움직이지 않고 입술을 많이 놀리지 않는다는 의미이다. 아래 모음들은 입술 모양과 혀의 앞뒤는 비슷한데 혀의 높낮이 때문에 오류를 만드는 것들이다. 이들을 쌍으로 만들어 연습하면 효과가 있다.

- /우/와 /오/

입술을 앞으로 쑥 내미는 것과 덜 내미는 것, 입술이 만드는 동그라미 크기에 따라 구분한다.

- /으/와 /어/

둘 모두가 평순이지만 /어/는 /으/에 비해서 입을 크게 벌려서 입술이 약간 둥근 모양이 된다. 혀는 좀 낮은 곳에 위치한다.

- /어/와 /아/

  /아/는 혀가 가장 낮은 곳에 위치하고 입술은 /어/보다 가로로 크게 벌린다. /아/는 계란을 옆으로 누인 모양의 입술 모양을, /어/는 세운 모양의 입술 모양을 하는 느낌이다.

- /에/와 /애/

  /에/는 긴장하지 않고 입을 편안하게 벌린다. 혀의 높이는 중간 정도로 하며 혀가 아랫니 위에 놓일 정도로 한다.

  /애/는 입을 가로로 벌리고 아랫입술을 편 상태에서 소리를 낸다.

  /에/와 /애/는 구분하지 않아도 되는 것처럼 말하는 사람이 있지만, 한국어 교사라면 반드시 이를 구분할 수 있어야 한다. 예를 들면 /네 것/과 /내 것/, /내년/, /세 사람/과 /새 사람/ 등 구분하지 않으면 의미상 문제가 되는 것이 대단히 많다.

- /위/와 /외/

  /위/와 /외/는 이론적으로는 단모음이지만 이중모음으로 내는 경우가 있다.

3) 혀의 앞뒤에 의한 분화

모음은 입술 모양과 혀의 높낮이 그리고 혀 앞에서 나느냐 뒤에서 나느냐에 따라 소리가 분화된다. 외국인 학습자가 이들 중 어느 하나를 잘못 낼 때는 해당 모음과 비슷한 조건을 가진 다른 모음 소리를 내게 된다.

- /이/와 /으/

  /이/는 세계 대부분의 언어에 있으며, 모든 외국인이 가장 잘 낼 수 있는 음이다. 치아가 보일 듯 말 듯 할 정도로 입술을 적게 벌리고 혀는 평평하게 놓은 상태에서 소리를 낸다. 처음 소리부터 끝소리까지 같은 음을 내야 단모음 /이/가 된다. /으/ 발음을 못하는 학생은 먼저 /이/를 내는 입 모양을 하게 한다. 그리고 입술 모양은 고정시키고 혀만 움직여서 /으/를 소리 내게 한다.

4) 이중모음

이중모음은 두 개의 모음이 겹쳐나는 소리를 말한다. 그러나 엄밀하게 말하면 하나의 소리가 주를 이룬다고 할 수 있다.

- 모음 'ㅣ'와 결합하는 이중모음 : ㅑ, ㅕ, ㅛ, ㅠ, ㅒ, ㅖ

  'ㅣ'를 발음할 입 모양을 취하면서 그 다음 모음을 발음한다.

- 반모음 'ㅗ'와 'ㅜ'와 결합하는 이중모음 : ㅘ, ㅝ, ㅙ, ㅞ

  '오'와 '우'를 발음하는 입 모양을 아주 짧게 하면서 그 다음 모음을 발음한다. 이때 'ㅗ'와 'ㅜ'는 조음 위치를 연구개 쪽으로 많이 가져가야 하기 때문에 이들 모음을 반모음이라고 한다.

- 모음 'ㅡ'와 결합하는 이중모음 : ㅢ

  /ㅡ/와 /ㅣ/가 결합한 'ㅢ'는 발음되는 환경에 따라 다르게 발음된다.

  ① 음절의 첫소리로 나면 [의]로 발음한다.

  ② 자음을 첫소리로 가지는 음절의 '의'는 [이]로 발음한다.

  ③ 단어의 첫음절 이외의 '의'는 [이]로 발음한다.

  ④ 소유격 조사 '의'는 [에]로 발음한다.

04 자음의 지도 요령

자음은 조음점과 조음 방법, 음성 기관에 힘을 주는 정도와 발성 시에 나오는 공기의 강도에 따라 분화된다.

1) 조음점에 의한 분화

/ㅂ/, /ㄷ/, /ㅅ/, /ㅈ/, /ㄱ/은 예사소리지만 조음점은 다르다. 특히 파열음인 /ㅂ/, /ㄷ/, /ㄱ/은 조음점이 아주 다르기 때문에 외국인 학습자가 초성에서 이들을 구별하는 데는 별 문제가 없다. 또 수업에서 음운 부호를 사용하지 않고 소리 나는 대로 한글 표기를 해도 문제가 없을 정도로 그 소리를 정확하게 전달할 수 있다. 다만 환경에 의해서 유성음화가 되었을 때 그 유성음을 표기할 수 없다는 것이 문제이다. 따라서 'ㄱ'은 /k/나 /g/로 소리가 난다는 것을 표기해 주고 실제 어휘와 문장 단위로 발음 연습을 한다.

2) 조음 방법에 의한 분화

/ㅂ, ㄷ, ㄱ/, /ㅅ/, /ㅈ, ㅊ, ㅎ/, /ㅁ, ㄴ, ㅇ/, /ㄹ/은 같은 묶음 안에서는 조음 방법이 같다는 뜻인데, 이것은 이들 발음이 서로 혼동하기 쉽다는 의미이기도 하다. 예를 들면 /ㅁ, ㄴ, ㅇ/은 같은 비음이기 때문에 혼동하기 쉽고, /ㅅ/과 /ㅈ, ㅊ/ 그리고 /ㅎ/은 조음 방법이 비슷할 뿐 아니라 조음점이 인접해 있기 때문에 이것들을 구별하지 못하는 학습자가 있다.

3) 음성 기관에 힘을 주는 정도와 발성 시에 나오는 공기의 강도에 의한 분화

분화 조건 중 일부가 같고 일부가 다르면 외국인 학습자는 쉽게 혼동한다. 즉 조음점과 조음 방법이 같아도 힘을 주는 세기가 다르면 예사소리, 된소리, 거센소리와 같은 분화가 일어나는데 학생들은 이것을 구분하기 어려워한다. 이 발음을 구별하기 위해 얇은 종이를 사용한다고 하지만 양순음 /ㅂ, ㅃ, ㅍ/ 이외에 /ㄱ, ㄲ, ㅋ/, /ㄷ, ㄸ, ㅍ/, /ㅈ, ㅉ, ㅊ/은 공기의 터짐이 그리 심하지 않다는 사실을 알아야 한다.

/ㅅ/과 /ㅆ/을 구별하지 못하여 '살'을 /쌀/로, '사랑'을 /싸랑/으로 발음하는 경우에 /ㅅ/ 앞에 모음을 넣어서 '아사, 아사, 사, 살'이라고 하고, '아사, 아사, 아사랑, 아사랑, 사랑'의 순서로 지도한다.

4) 받침소리

한국어의 받침소리는 'ㄱ, ㄴ, ㄷ, ㄹ, ㅁ, ㅂ, ㅇ' 7개이다. 자음 중 'ㄲ, ㅋ'과 'ㅅ, ㅆ, ㅈ, ㅊ, ㅌ' 그리고 'ㅍ'은 각각 대표음 [ㄱ, ㄷ, ㅂ]으로 발음한다. 이것은 개별적으로 혹은 단어를 통해 연습한다.

5) 무성음의 유성음화 현상

유성음과 무성음의 구별을 해야 하는 것으로는 'ㄱ, ㄷ, ㅂ, ㅈ'이 있다. 이것은 단어와 문장으로 이어 읽기를 통해 연습한다. 무성음의 유성음화 현상을 제대로 못하는 경우는 한국인 화자에게서 지도를 받지 못한 학생한테서 나타난다. 즉 글자를 통해 한국어를 배운 학생들은 글자를 한 자씩 띄어 읽는데 이때 유성음화를 인식하지 못하는 것이다.

아/버/지/가, 바/보, 고/기

6) '밥'을 /바브/로 발음하는 경우

일본인 학습자에게서 볼 수 있는 오류 중 하나는 '밥'을 /바브/로 내는 것이다. 이것은 'ㄱ, ㄷ, ㅂ'을 내파음으로 인식하지 못하고 공기를 밖으로 터트리는 데 원인이 있다(/입고/ 이브고/, /먹지 마세요/머그지 마세요/, /받고 기뻤다/바드고 기뻤다/). 이 경우에는 아래와 같은 방법과 순서로 지도한다.

① /밥/을 발음하고 입을 벌리지 못하게 하여 터짐소리가 밖으로 나오지 못하게 한다 (/밥, 입, 집, 잎, 숲, 밭, 밖/).
② 자음으로 시작하는 조사나 어미를 붙여서 연습한다(/밥과, 입과, 밭과/, /입고, 먹고/).
③ 모음으로 시작하는 조사나 어미를 붙여서 연습한다(/밥이, 집이, 숲은/).

7) 받침소리 'ㄱ'과 'ㄷ'을 혼동하는 경우

/걱정/을 /걷정/으로, /극장/을 /근장/으로 하는 것은 조음점이 인접해서 빚어지는 오류이므로, 조음점이 다르다는 것을 구강도를 보여 주면서 설명해야 한다. 교사의 구두 설명만으로는 부족하다.

8) 받침 발음 'ㄴ, ㅁ, ㅇ'을 잘하지 못하고 구별하지 못하는 경우

/돈/의 'ㄴ'을 정확하게 내지 못해 /동/처럼 발음하는 사람이 있다. 'ㄴ'과 'ㅇ'은 모두 비음으로서 비슷한 조음 방법을 가지고 있기 때문에 생기는 오류이다. 그러므로 조음점을 확실하게 지적해 주고 자기 혀끝이 어디 있는지, 어디로 옮겨야 하는지 인식하게 한다. 그리고 구강도를 통해 교육한다.

9) 'ㄹ'은 위치에 따라 다음과 같이 소리가 달리 난다.

- [l] : 끝소리로 날 때 **예** 달, 딸, 물
  자음 앞에 올 때 **예** 발견, 솔직
  /i/가 아닌 모음 사이에서 겹쳐 날 때 **예** 흘러요, 달라요
- [r] : 모음 사이에서 단독으로 날 때 **예** 노래, 소리
- [ll] : 두 개의 'ㄹ'이 겹쳐 날 때 **예** 달력, 달리다

이 규칙에 따라서 학생들의 오류를 살펴본다. 모든 언어의 'ㄹ'은 각각 다른 음가를 가지고 있다. 그래서 한국어 학습자는 언어권마다 각각 다른 문제를 안고 있다.

10) 아리랑의 '랑'을 영어식 /r/로 발음하는 경우

서양 학습자의 경우에 아리랑의 '랑'을 영어식 /r/로 발음하는 경우가 있다. 이때는 다음과 같은 순서로 접근한다.

- (1차 시도) 아리, 아리, 아리라, 아리라, 아리랑, 아리랑
  /아리, 아리, 아리라/는 혀를 /r/ 발음할 때처럼 구부리거나 말지 말고 펴서 발음한다.
- (2차 시도) 아리, 아리, 아리다, 아리다, 아리라, 아리라, 아리랑
  잘 되지 않을 때는 환경을 바꿔 준다. 이때 조음점과 조음 방법을 고려하여 인접한 자음을 활용한다.

VII

교안 작성

누구나 수업을 맡으면 무엇을 어떻게 가르쳐야 할지 고민한다. 교재가 정해져 있어도 수업을 어떻게 진행해야 할지 감이 잡히지 않는다. 이때 교안을 짜 보면 무엇을 어떻게 해야 할지 구체적으로 보인다. 준비할 것은 무엇이고, 자기에게 부족한 것은 무엇인지가 분명해진다.

교육의 내용이 되는 것이 교재다. 교재는 내용뿐만 아니라 교육의 목표, 교육 과정, 교수 방법을 담고 있다. 이러한 교재는 극히 일반적이고 보편적인 것을 다룬다. 이것은 교재가 제한적인 성격을 띨 수밖에 없다는 것을 의미한다. 따라서 내 수업을 듣고자 하는 학생에게는 맞지 않거나 부족한 부분이 있다. 교안은 교재의 부족한 부분을 보충하고 내 학생에게 꼭 맞는 내용으로 계획한 학습 지도안이다.

교안의 의미를 구체적으로 살펴보자.

① 교재를 표준 학습 자료라고 한다면 교안은 학습자의 수준과 학습 목적, 학습자의 요구를 반영한 준표준 학습 자료다. 교재는 표준어를 사용해야 하기 때문에 속어나 인터넷 용어를 피한다. 그러나 교안에서는 학습자의 요구에 따라 이들을 수용할 수 있다. 또 교재에서는 정형화된 고급 문화를 주로 다룬다. 그러나 학습자들은 한국 사회에서 대중문화뿐 아니라 부정적인 문화도 접하는 것이 현실이기 때문에 이를 고려할 수 있다.

② 교안에는 교사의 마음에 맞는 다양한 자료를 담을 수 있다.

③ 오늘 이 시간에 내 학습자만이 가진 변인을 고려할 수 있다.

④ 교안은 교사를 돕는 훌륭한 교육 도구다. 수업 진행상 생각할 여유가 없을 때 교안의 어휘나 내용이 순발력을 발휘하게 한다. 급할 때 나를 도와주는 구원 투수가 된다.

⑤ 자신만의 수업 노하우(know-how)를 담을 수 있는 그릇이다. 교안 짜기는 수업 전에 연구하고 계획해서 수업 전체를 미리 조망해 볼 수 있는 과정이다. 그래서 교안은 반드시 자신이 짜야 그 구실을 한다. 내가 짜지 않은 교안은 참고 자료일 뿐, 교안이 아니다.

말하기 교안을 짤 때는 복습, 도입, 내용 제시, 어휘의 설명과 연습, 문법 설명과 연습, 활용 연습, 의사소통 수행(21쪽 '말하기 교수 과정표' 참조)의 순서로 진행한다.

단계	말하기 교안 작성의 절차
1. 계획	• 대상 • 학습자 수준 • 시간 • 해당 수업의 목적과 목표 설정 • 주제 • 교수 방법의 설정
2. 복습	• 전 시간 또는 일주일 전에 다룬 문법과 내용을 상기하도록 한다. • 이미 사용한 교수법과는 다른 교수법이나 환경을 사용한다. • 간단한 시청각 자료 또는 실제 상황에 가까운 자료를 사용한다. • 학습한 후 시간이 흘러 실력이 향상되었으므로 심화, 확대하여 진행할 수 있다.
3. 도입	• 도입 방법을 생각한다. • 흥미 유발을 위하여 시청각 자료를 준비한다.
4. 내용 제시	• 상황 설명을 하거나 또는 질문응답으로 내용 이해 방법을 생각한다. • 본문을 효율적으로 외울 수 있는 방법을 모색한다. • 본문을 거의 외우다시피 하여 교재를 보지 않고 수업을 진행할 수 있게 한다. • 큰 소리로 읽어 가면서 발음, 억양을 정리해 둔다. • 시키는 순서, 처음과 끝에 시킬 사람까지도 생각한다.
5. 어휘의 제시, 설명, 연습	• 새 어휘를 선정한다. • 한국어와 학습자 모국어의 사전적 의미를 알아 둔다. • 학생들에게 맞게 어떻게 설명할지 메모한다. • 예문을 두세 개 정도 만든다. • 의미 이해를 확인할 수 있는 질문을 준비한다. • 어휘 확장을 위해 유의어, 반의어를 준비하고 적절한 예문을 확보한다. • 문법을 연습한 후에 '활용 단계'에서 사용할 수 있는 바꿔 말하기, 정의 내리기, 번역하기, 예시, 시각 자료 제시, 몸동작 등에 이용할 수 있는 자료를 생각한다.
6. 문법의 제시, 설명	• 본문에서 학습 대상이 될 문법 요소를 선정한다. • 이미 학습한 유사 문법을 복습함으로써 동기화할 수 있게 한다. • 해당 문법을 설명할 수 있는 가장 좋은 방법을 모색한다. • 귀납적 방법일 때는 문장 유형(sentence pattern, 文型)을 고려한다. • 문형에 맞는 적절한 예문을 두세 개 정도 준비한다. 문법에 따라서 형태별로 준비한다.

7. 문법 연습	• 각종 문형 연습을 위해서 연습 문제를 준비한다. • 연습 유형을 결정한다(교체, 응답 등). • 연습 유형을 다양하게 짠다. • 연습 문장의 수준과 양을 학생의 수준, 수업 시간에 따라 정한다.

**8. 활용 단계와
   의사소통
   단계**
	• 활용 방안은 수업 시간, 전체 교수 요목의 균형을 생각하여 결정한다.
	• 의사소통 과제를 생각한다.
	• 과제 내용과 학습자의 성향, 능력을 고려하여 배정한다.

9. 마무리	• 숙제는 교과 내용에 맞는 효과적인 것으로 한다. 네 영역에 대해서 고루 생각한다. • 계획 단계에서 제시한 목표를 달성했는지 진단하고 교사 그리고 학습자 스스로 평가한다.
10. 준비(물)	• 시청각 기자재 사용 여부 • 각종 준비물 • 유인물 • 시간 조절 • 판서 계획

03 교안 작성을 할 때 고려할 점

① 교수 목표에 맞도록 한다.
② 학습자의 언어적·문화적 수준을 고려한다.
③ 교재의 주제와 교안이 서로 잘 맞도록 한다.
④ 어휘와 문법은 의미와 기능이 잘 드러나는 문장으로 한다.
⑤ 선행 학습한 어휘를 최대한 활용한다.
⑥ 흥미로운 문장, 다양한 내용이 되게 한다.
⑦ 학습자 각각의 상황을 파악하여 개인에게 꼭 맞는 문장을 만든다.
⑧ 생동감이 있는 문장, 실제로 사용할 수 있는 문장을 만든다.
⑨ 교안은 교사 자신의 능력에 맞춰 짜되 넉넉하게 준비한다.
⑩ 교안의 길이는 정해져 있는 것이 아니다. 경험이 많은 교사는 뼈대를 중심으로 간단
   하게 짜도 풍부한 지식과 순발력으로 문제가 없다. 하지만 경험이 적은 교사는 자세
   하고 꼼꼼하게, 그리고 넉넉히 짜야 한다. 혹시 시간이 모자라면 필요한 것만 사용하
   고 건너뛸 정도로 말이다.

> 영수 : 내일은 수영이나 하러 갑시다.
> 리치 : 수영을 잘하세요?
> 영수 : 학교 다닐 때 선수였어요.

1) 새 단어

• 수영하다(水泳-)

　수영복, 수영 모자, 수영장, 바닷가, 해변(海邊)　　　　　　　　　관련 어휘

　한국에서는 여름에 바다나 강에서 수영을 해요. 여러분 나라에서는 언제 수영을 해요?

　여러분은 수영을 잘해요?

　물에 빠지다, 익사(溺死)하다　　　　　　　　　　　　　　　　어휘의 확장

• 에 다니다

　사전적 의미 : 일터/직장이나 학교에서 근무하거나 배우다, 일정한 곳을 지나오거나 지나

　　　　　　　　가다

　지금 어디에 다닙니까?/다녀요./다녀요?/다니고 싶어요.

　학교에 다니는 아이가 있어요?

　고등학교 다닐 때 친구가 많았어요?

　언제부터 담배를 피우기 시작했어요?　　　학생이 새 단어를 활용할 수 있는 질문으로 준비한다.

• 선수(選手)

　사전적 의미 : (어떤 기술이나 운동 따위에서 뛰어나) 대표로 뽑힌 사람

　운동선수, 축구 선수, 야구 선수

　　　　　　　　　　　　　　　　　　　　　　　　　관련 어휘와 관련 문형

　　　　먹는 데는 선수다.

　　　　　-는 데는 선수가 다 되었다.

　　거짓말하

　　설거지하

2) 문법의 제시와 설명

문법1 내일은 수영<u>이나</u> 하러 갑시다.

Vst(이)나

'N(이)나' 문법을 어떻게 가르칠까? 제시와 설명을 어떤 순서로 할까를 생각한다.

'-(이)나'의 세 가지 의미 ① 명사와 명사를 연결하는 경우, ② 보조사로 쓰이는 경우, ③ 수를 나타내는 의존명사에 붙어서 의문문에 쓰이는 경우 중에서 여기서 다루어야 할 것은 ② 보조사로 쓰이는 경우다.

여기서는 ①과 ③을 어떻게 할 것인가를 생각한다. 대체로 ① 명사와 명사를 연결하는 경우는 이미 학습했을 것이므로 ①은 배운 것을 상기하여 확인하는 정도로 할 수 있다. 그러나 배운 일이 없다면 본문에 나와 있는 ②를 한 후에 이어서 다룬다. ③ 수를 나타내는 의존명사에 붙어서 의문문에 쓰이는 경우는 이것과 관련이 덜 하기 때문에 다음 단계에서 가르치기로 한다.

②는 마음속에 여러 가지를 생각하면서 그중에 하나만을 선택한다는 뜻이 있다. 여기서는 내일 할 수 있는 것, 하고 싶은 것이 여러 가지 있지만 그중 하나가 수영인 것이다. 마지막 선택을 나타내는 '-(이)라도'와 어떻게 다른지 답을 준비한다. 진도와 상황에 따라 문제를 꺼낼 수 있지만 학생에게서 질문이 안 나오면 그냥 지나갈 수도 있다.

> 심심한데 수영이나 가자. (심심할 때 할 수 있는 여러 가지를 생각했는데 그중에 수영을 택했다.)
> 심심한데 영화나 보자. (심심한데 다른 것을 할 수는 없고)
> 집에서 라면이나 끓여 먹자. (맛있는 요리를 먹고 싶지만)

본문의 문장과 관련이 있으면서 수준에 맞는 예문을 만든다. 학습자와 관련 있는 것, 일상적인 내용을 담는다. 될 수 있으면 비슷한 예문을 몇 개 예비로 만들어 둔다. 오늘 수업 전체 분량을 고려한다.

문법2 수영이나 하<u>러</u> 갑시다.

Vst(으)러 가다 / 오다

선행 동작을 이룰 목적으로 후행 동작을 한다는 뜻이다. 선행 동사에 제약이 있다. 이동을 나타내는 동사 '가다, 오다, 출장가다, 여행하다……'는 쓰지 않는다는 점을 기억한다.

1단계로 '-(으)러 가다/오다'를 다루고 2단계에서 '-에 -(으)러 가다/오다'를 다룬다.

도서관에 책을 읽으러 갑니다.
카페에 커피를 마시러 갑니다.
카페에 친구를 만나러 가겠습니다.
공부하러 한국에 왔어요.
책을 찾으러 도서관에 갑니다.
수영을 하러 체육관에 갑니다.

3) 문형 연습

Vst(이)나

| 교체 연습 |

_____(이)나 _____(으)ㅂ시다.

커피	한잔하다
맥주	마시다
영화	보다
숙제	하다
게임	하다
잠	자다
여행	가다
책	읽다
점심	먹다
저녁	먹다

• 문법 '-(이)나'를 가장 잘 나타내는 문형을 골라 교체 연습부터 한다.
• 받침이 있는 것과 없는 것에 따라 어미 형태가 달라지므로 배열에 고려한다.
• 학생 수만큼 문장을 만든다. 이때 학생 개인을 생각하면서 그에게 맞는 문장을 생각해 둔다.

| 응답 연습 | (위의 문장을 대답으로 사용할 수 있게 질문한다.)
뭘 마실까요?
뭘 할까요?
뭘 하고 싶습니까?
뭘 읽을까요?

뭘 먹을까요?

여기까지 문장 단위 연습을 하여서 의미를 이해했으므로 이후에는 담화 상황이 되도록 이끈다.

| 상태연습 |

> 가 : _____는데 _____(이)나 _____(으)ㄹ까요?
> 나 : 그럽시다.

보기 심심한데
가 : 심심한데 수영이나 갈까요?
나 : 그럽시다

배가 고픈데……
연락이 안 오는데……
비가 오는데……
일이 밀렸는데……
더운데/추운데……

학습자의 수준과 교육 과정에 따라서 '-에나, -으로나……'를 다룬다.

Vst(으)러 가다 / 오다

| 교체 연습 |

"왜 가요?/무엇하러 가요?/무슨 목적으로 가요?"에 대답이라는 것을 알게 한 후에 사용한다.

> _____(으)러 갑니다./옵니다.

놀다
한국말을 배우다
친구를 만나다
일본말을 가르치다
편지를 부치다
비자를 받다
고향 음식을 먹다
돈을 찾다
친구를 도와주다

| 교체 연습 |

어휘는 미리 연습한다. 단어를 몰라서 연습(pattern drill)이 막히는 일이 없도록 한다. '-에' 부사절이 문장에서 위치를 바꿀 수 있음을 알리고 문형을 제시한다.

> _____(으)러_____에 갑니다./옵니다.

영화를 보다	극장
공부하다	도서관
야구를 구경하다	운동장
책을 사다	서점
운동하다	체육관
비자를 받다	대사관
점심을 먹다	학생 식당
고향 음식을 먹다	친구 집
비행기를 타다	공항
돈을 찾다	은행

| 응답 연습 |

시제를 바꿈으로써 문장에 변화를 준다.
'무엇하러……'라는 목적을 스스로 말할 수 있는 단계다.

> 무엇하러 _____에 갑니까?/갔습니까?/가겠습니까?

교체 연습의 문장과 학생들에게서 나온 문장으로 폭을 넓혀 응답 연습을 준비한다.

4) 활용 단계와 과제

| 쓰기 |

• 친구와 또는 가족과 방학을/휴가를/주말을 어떻게 보낼지 이야기하고, 그것을 글로 쓰기

| 자유 회화 |

• 다음 상황에 대해서 이야기하기
  "오늘은 잠이나 자야겠다."
• 선수처럼 잘할 수 있는 것에 대해서 이야기하기

| 활동 |

• 수영장에 가서 수영해 보기

• 한국의 수영 선수 박태환에 대해서 알아보기

05 읽기 교안 작성

읽기는 교안을 작성하려면 귀찮은 점이 한두 가지가 아니다. 지문에 따라 다르기는 하지만 삽입해야 할 자료를 찾아야 하고 새 어휘가 많아 적어야 할 분량도 상당하다. 그러나 교안 없이 교재만 가지고 교실에 들어갈 수는 없다. 교안 없이 읽기 수업을 하면 가르치는 데 궁색해진다. 좋은 작품을 단어 풀이만으로 해석하면 학습자는 진짜 글의 맛을 못 보게 되고 작품 감상을 못하게 된다.

교사는 연구를 잘해서 풍부한 지식을 가지고 핵심을 찌르는 설명으로 간단하게 문제를 해결해야 한다. 이야기 해석을 한 후에 작품을 감상하도록 이끌어 가슴에서 뜨겁게 일어나는 감동으로 웃고 울게 해야 한다. 이것이 진정한 읽기 교육이다. 성공적인 읽기 수업을 위해서 교사는 작품을 꼼꼼하게 읽고 스스로 감상을 해 보는 노력이 필요하다.

교사가 읽기 교안을 작성할 때의 유의할 점을 정리해 보면 다음과 같다.

단계	읽기 교안의 작성 절차
읽기 전 단계	• 전체 분량과 시간 수, 이야기의 흐름을 고려하여 학습 범위를 정한다. • 문화적으로, 역사적으로 참고해야 할 것을 찾아보고 확인한다. • 유명 저자라면 인물에 대해서 알아둔다. • 내용 이해를 위해 관련 그림, 사진, 비디오 등의 자료를 확보한다. • 언어적인 문제 해결을 위해 사전에서 단어를 찾는다.
읽기 단계	• 소리 내어 읽어 보고 억양과 발음을 정리해 둔다. • 내용 이해를 위해 질문을 만든다. • 내용 이해를 위해 학습자의 문화와 관련된 것이 있는지 검토한다. • 내용 이해가 어려운 부분은 쉽게 전달할 수 있는 방법을 모색한다. • 학습자의 스키마와 어떻게 관련지어 줄 수 있을까를 고민한다. 이때 많은 예를 준비한다. • 학습자끼리 상호작용이 안 될 때 도울 수 있는 기술에 대해서 생각한다.
읽기 후 단계	• 읽은 후의 효과적인 활동에 대해서 생각한다. • 독후감을 이야기하게 한다. • 관련 지식과 정보를 인터넷과 같은 매체를 이용하여 확인하고 확대하게 한다. • 관련 지식과 정보를 공유할 수 있게 한다. • 관련 지식과 정보를 이용하여 해결할 수 있는 과제를 준다.

VIII 언어 교수법의 형성과 최상의 교수법

자유 토론

① 언어 교수법의 형성 요소는 무엇인가?
② 언어 교수법은 어떻게 형성되는가?
③ 최상의 교수법이란 무엇인가?
④ 나는 최상의 교수법으로 감동적인 수업을 맛본 일이 있는가?

모든 언어 교사의 고민은 어떻게 하면 가르치고자 하는 것을 학습자가 제대로 이해하고 말할 수 있도록 할 수 있을까 하는 것이다. 언어 교육에서 최상의 방법이란 없다고 단정적으로 말하는 사람도 있다. 그러나 교사는 "최상의 방법은 존재한다. 내가 그것을 반드시 찾아내겠다."는 일념으로 연구에 연구를 거듭하면서, 유행하는 교수법도 따라해 보고 남의 것을 모방해 보기도 하고, 자기만의 독특한 방법을 개발해 보는 것이다.

일반적으로 교수법에 관련된 요소는 교사, 학습자, 교육 내용, 교수-학습 목적, 교수 방법 그리고 사회 문화적 환경으로 본다.

즉 어떤 사람이(교수자), 누구에게(학습자), 무엇을 위하여(교수-학습 목적), 무엇을 매개 자료로 사용하여(교수-학습 내용), 어떤 조건에서(환경) 가르치고 배우는가에 따라 교수법은 결정된다. 교사, 학습자, 교재 그리고 학습 목표가 서로 유기적인 관계를 가지고 영향을 주고받으면서, 한편으로는 이들을 둘러싸고 있는 사회 문화적인 환경과 교실 환경의 지배를 받으며 교수법은 탄생한다. 교수법은 이들 요소 가운데에서 어느 것을 더 강조하느냐에 따라 또는 어떤 철학과 이념을 배경으로 삼느냐에 따라 이론의 성격이 정해진다.[14]

교수법 형성 요소

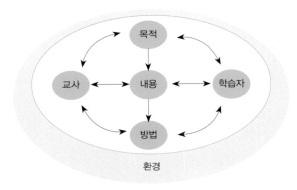

교수법 형성에서 가장 주도적인 역할을 하는 것은 교사와 학습자다. 그중에서도 교사는 교육을 총체적으로 이끄는 지휘자와 같으므로 모든 요소들은 교사가 이끄는 방향에 따라 인도되기 마련이다.

---

14) 이성호(2007), 『교수방법의 탐구』, 양지원, 44쪽 '[그림 2-1] 교수 방법 탐구의 패러다임'.

그런데 교사는 교사이기 이전에 개인적인 가치관과 개성을 지닌 하나의 인격체다. 교사는 그가 성장해 온 가정과 사회를 배경으로 한 인생 경험을 가지고 있으며, 그 자신이 받은 교육 체계, 교수 방법 등의 경험이 있다. 교사를 둘러싼 모든 모국어의 사회적 배경이 그를 구성하는 요소로 작용한다. 이러한 교사가 교단에 서게 되면, 교사는 하나의 인간으로서 자기의 인격을 나타내게 되고, 나아가서는 과거 자신이 받은 교육 경험을 내용으로 또는 형식으로 나타내게 된다. 그가 받은 교육 체계나 교수법은 물론, 심지어는 교수-학습 전략까지도 그의 교수 행위에 영향을 준다. 이것은 한 걸음 더 나아가서 그가 가르치는 학습자의 학습 전략에도 영향을 주게 된다.

언어 교수법은 과거 교사 중심에서 학습자 중심으로 바뀌었다. 따라서 언어 교육에서 가장 중요한 요소는 언제나 큰 변수로 작용하는 외국인 학습자다. 학습자의 모국어 지식은 외국어 습득과 관련이 있다. 모국어를 성인 학습자로부터 배제할 수 없기 때문에 오히려 모국어를 이용하도록 함으로써 능률을 올릴 수 있다는 이론이 설득력을 얻고 있다. 또 학습자가 본래 가지고 있는 경험과 지식을 동원하면 담화 추리가 가능하기 때문에 학습자가 지니고 있는 모든 인지적 능력을 목표어 학습에 활용하도록 힘쓰고 있다.

학습자가 목표어 환경에 대해 어떤 태도를 갖느냐도 성공에 영향을 준다. 목표어의 학습 과정에서 새 문화에 대한 흡수와 이입 과정이 사회 문화적 요인으로서 중요한 역할을 한다. 학습자가 처음 새 문화를 접했을 때 받은 충격을 제대로 흡수하고 받아들여 새 문화에 적응하고 새로운 자아를 형성하여 언어 습득의 배경 지식으로 도움을 주는지, 아니면 이를 흡수하지 못하고 불안감과 적대감을 느껴 부정적으로 관념화시켜 버리는지에 따라 언어 학습의 결과는 다르게 나타난다. 학습자가 상대 문화를 어떻게 보느냐가 꼭 학습의 성패를 결정짓는다고는 할 수 없지만 학습자의 태도는 목표어 습득과 밀접한 관계가 있음은 분명하다.

여기서 우리가 주목해야 할 것은 이러한 학습자의 모든 교육 경험이 외국어 학습 방법에 영향을 주는 것과 마찬가지로 학습 전략에도 영향을 준다는 점이다. 학습자는 모국어 습득 과정과 일반 분야 학습에서 배운 것과 유사한 전략으로 외국어 학습 순서를 밟는다. 그리고 이것들을 바탕으로 하여 외국어 학습에서 스스로 내재적 목표와 교수요목을 설정하는 것이다.

한편 교사는 수업에 임하기 위해서 교육 목표와 교수요목을 설정한다. 이때 학교나 기관의 교수 목표와 교육 과정도 다 여기에 포함시켜서 학습자에게 제공한다. 이렇게 되었을 때 외형적 교수요목을 설정한 교사와 내재적 교수요목을 설정하고 있는 학습자 사이에는 충돌이 일어날 수 있다. 당황한 교사와 학습자는 여기서 교육 내용을 교수-학습하기에 가장 알맞은 합치점을 도출해 내려고 노력할 것이다. 학습자는 수업에서의 목표, 내용, 방법에 대한 기대치가 교사의 교수요목과 조화를 이룰 수 있도록 스스로 수정하는 작업을 벌일 것이고, 교사는 학습자의 수준과 요구에 맞추려고 할 것이다.

그러면서 교사는 교사와 학습자가 만든 교수 목표와 내용에다가 자기만의 교수 방법을 만들어 내려고 노력할 것이다. 교사의 지적 능력과 정적인 감성을 동원한 독특한 개인 교수 방법을 모색한다. 거기에 공식화된 교수법을 적용하여 새 방법을 창출해 내는 방향으로 나아간다. 즉 교사의 입장에서 볼 때 가장 좋은 언어 교수법은 교육 내용을 교육 목적에 맞게, 학습자가 이미 가지고 있는 여러 가지 내재적인 조건을 고려하여 타협함으로써 만들어지는 그 어떤 방법이 되는 것이다.

02 최상의 교수법

언어 교수 이론은 언어를 보는 시각과 사회적 요구에 의하여 등장한다. 선행 이론을 보완하기 위해서 새것이 등장하고, 또 그것의 단점을 보완하기 위해서 전혀 반대 이론을 가진 새 교수법이 등장한다. 그러다 보니 대부분의 교수법이 한쪽 이론에 치우친 것이어서 선뜻 하나만을 따르기에는 무리가 있다. 청각구두 교수법은 너무 형식적이고 기계적이어서 인간의 의사를 무시하고 무의식과 습관만을 중시한다든지, 반대로 의사소통 교수법은 언어의 형식과 기능을 무시하여 언어 표현에서 간과할 수 없는 정확성에 관심을 기울이지 않는다든지 하는 것들이다.

그러나 교수법이 이론적으로 완벽하다고 해도 그것은 이론일 뿐이다. 이것을 조직하고 운영하는 교사가 교수법 이론을 이해하고 적용하여 내용을 교수할 때, 사명감을 가지고 전문가적인 노력을 기울일 때 성공할 수 있는 것이다.

교사가 교실에서 담당해야 하는 역할은 다양하다. 교실에서 교사는 학습자 개개인의 지각 형성 과정과 결과를 면밀하게 관찰하여 교육의 결과에 주목해야 한다. 학습자의 과거 모국어 습득 경험과 모국어 사회에서의 배경 지식이 어떻게 작용하며, 어떤 전략으로 대응하고 있는지 살핀다. 학습자가 교사와 동료 학습자를 대상으로 해서 원만한 대인 관계를 가지고 학습자 개개인과의 관계를 무리 없이 하고 있는지를 살피는 일 또한 중요하다. 학생과 학생 간의 관계 조절 역시 감성적이면서 외교적으로 대처한다. 그리고 교수법의 원리를 적용하여 과학적인 방법으로 교수한다.

바람직한 한국어 교수법[15]

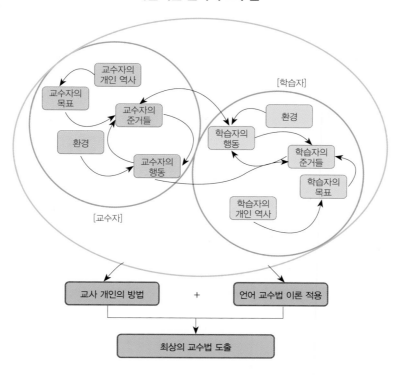

교사의 이러한 종합적인 행위는 이론을 넘어서는 개인적인 창조 행위며, 이는 교사 개인의 역량에서 비롯되는 것이다. 그리고 이 역량은 개인의 노력에 따라 계발되는 것이어서 무한하다. 좋은 교수법이란 언제나 고정되어 있는 것이 아니다. 원리는 정해져 있되, 학습자 개인과의 교감 그리고 학습자 전체와의 교류가 언어적 표현으로 이루어지고, 서로의 느낌이 전해질 때 수업의 성과는 나타난다. 서로 간의 상호작용이 이루어질 때 교실 분위기는 고조되고 교사는 신이 나서 효과적인 방법이 나오는 것이다. 교사와 학습자, 학습자와 학습자와의 상호작용에서 말로 표현할 수 없고 이론으로 설명할 수 없는 그 시간, 그들만의 교수법이 그들에게는 가장 좋은 최상의 교수법이 되는 것이다. 이것은 교사 개인의 전인적 교수 행위와 전문가적인 노력에 기초할 때만이 나타나는 것으로서 최상의 교수-학습 효과를 기대할 수 있는 최선의 교수법이 되는 것이다.

---

15) 이성호(2007), 『교수방법의 탐구』, 양지원, 34쪽 '[그림 1-5] 교수자와 학습자의 상호작용 관계'를 참고하여 한국어 교육에 적용한 것이다.